Basilius Redan Werang Bas
Marlina Radja Leba Seli
Ermelinda Agnes Gunu Pure Ernest

Compromisso Organizacional dos Professores na Indonésia: Um caso de Merauke

Basilius Redan Werang Bas
Marlina Radja Leba Seli
Ermelinda Agnes Gunu Pure Ernest

Compromisso Organizacional dos Professores na Indonésia: Um caso de Merauke

ScienciaScripts

Imprint

Any brand names and product names mentioned in this book are subject to trademark, brand or patent protection and are trademarks or registered trademarks of their respective holders. The use of brand names, product names, common names, trade names, product descriptions etc. even without a particular marking in this work is in no way to be construed to mean that such names may be regarded as unrestricted in respect of trademark and brand protection legislation and could thus be used by anyone.

Cover image: www.ingimage.com

This book is a translation from the original published under ISBN 978-3-330-35224-7.

Publisher:
Sciencia Scripts
is a trademark of
Dodo Books Indian Ocean Ltd. and OmniScriptum S.R.L publishing group

120 High Road, East Finchley, London, N2 9ED, United Kingdom
Str. Armeneasca 28/1, office 1, Chisinau MD-2012, Republic of Moldova, Europe
Printed at: see last page
ISBN: 978-620-7-66701-7

ÍNDICE DE CONTEÚDOS

RECONHECIMENTO

Antes de mais, gostaríamos de agradecer a Deus Todo-Poderoso pelas coisas maravilhosas que nos fez, especialmente pela vida em que amamos e somos amados pelos outros.

Agradecemos o apoio do Diretor de Investigação e Serviço Comunitário de Investigação, Tecnologia e Ensino Superior de Jacarta, que financiou todo o processo do estudo.

Gostaríamos de agradecer a todos os informadores e participantes das discussões dos grupos de centragem que contribuíram de forma especial para o estudo.

Por último, mas não menos importante, estamos também gratos pelo apoio do Diretor e do pessoal da Lambert Academic Publishing. Sem a sua amável ajuda, este livro nunca teria visto a luz do dia.

Autores

RESUMO

O empenhamento organizacional dos professores é um dos conceitos básicos que desdobra a relação entre um trabalhador e uma organização. A baixa taxa de empenhamento organizacional dos professores no distrito de Merauke tornou-se um problema anual enfrentado pelos responsáveis locais pela política educativa. Uma vez que o sucesso de uma escola pode depender do empenho dos seus professores, o estudo teve por objetivo (a) investigar os factores que contribuem para o empenho organizacional dos professores nas escolas primárias remotas do distrito de Merauke, Papua, Indonésia; e (b) conceber políticas estratégicas para aumentar o empenho organizacional dos professores nas escolas primárias remotas do distrito de Merauke, Papua, Indonésia.

O estudo empregou uma abordagem de investigação qualitativa utilizando um desenho de investigação de estudo de caso devido ao facto de: (a) a nossa competência pessoal para assegurar o nome verdadeiro e o cargo dos informadores, que podem causar danos à sua carreira e personalidade, (b) o nosso foco é o esforço de criar políticas estratégicas para abordar o empenhamento organizacional dos professores nas escolas primárias remotas do distrito de Merauke, Papua, e (c) podemos utilizar dados sobre o empenhamento organizacional dos professores a partir de vários recursos de dados, nomeadamente: membros da comunidade local, profissionais da educação (professores, conferencistas, directores de escola, supervisores escolares) e governo local. Foi utilizada uma técnica de amostragem intencional para obter 72 informadores seleccionados entre os membros da comunidade local, os profissionais da educação (professores, conferencistas, directores de escola e supervisores escolares) e o governo local. A entrevista aprofundada com os membros da comunidade local, os profissionais da educação (professores, conferencistas, directores de escolas e supervisores escolares) e a administração local foi o principal instrumento do estudo para recolher dados.

Os resultados do estudo revelaram as três principais categorias de factores que contribuem para o empenhamento organizacional dos professores e as políticas estratégicas para estimular o empenhamento organizacional dos professores nas escolas primárias remotas do distrito de Merauke, nomeadamente: (a) as características individuais dos professores, (b) as condições de trabalho dos professores e (c) os responsáveis pelas políticas educativas. Estes resultados podem ser imperativos para a instituição de formação e educação de professores para conceber um currículo que responda à necessidade especial de ter professores que sejam moral e mentalmente qualificados. Estas conclusões podem também valer a pena para o governo local fazer um esforço para criar condições de trabalho mais agradáveis e para criar regulamentos que orientem de forma prática a forma de recrutamento e de seleção dos directores das escolas.

Palavras-chave: professor, empenhamento organizacional, escolas primárias, zona remota

Capítulo 1

Introdução

A. Antecedentes do estudo

O ensino é um trabalho complexo e exigente e existe uma necessidade diária de os professores se empenharem totalmente nesse trabalho, não só com a cabeça, mas também com o coração (Crosswell & Elliot, 2004). A fim de manter a sua energia e entusiasmo pelo trabalho de ensinar, os professores precisam de manter o seu empenhamento pessoal no trabalho (Day, 2000). Do mesmo modo, Nias (1996) afirma que os professores devem estar emocionalmente empenhados no seu trabalho, pois sem esta ligação emocional os professores enfrentarão um perigo constante de esgotamento num ambiente de trabalho cada vez mais intenso.

O conceito de comprometimento organizacional possui um grande corpo de estudos (e.g. Kadyschuk, 1997; Bogler & Somech, 2004; Crosswell, 2006; Dee, Henkin, & Singleton, 2006; William, 2011; Devos & Tuytens, 2013; Garipagaogiu, 2013; Hamid, Nordin, Adnan, & Sirun, 2013; Ayale, 2014; Mousa & Alas, 2016). Esses estudos mostram que o comprometimento organizacional tem atraído considerável interesse na tentativa de compreender e esclarecer a intensidade e a estabilidade da dedicação do empregado a uma organização (Lumley, 2010). Porter et al. (1974, 604) caracterizaram o comprometimento organizacional como incluindo três fatores seguintes, a saber: uma forte crença e aceitação dos objetivos e valores da organização, uma disposição para exercer um esforço considerável em nome da organização e um desejo definido de manter a associação organizacional.

Hall et al. (1970) definiram o compromisso organizacional como o processo pelo qual os objectivos da organização e os do indivíduo se tornam cada vez mais integrados e congruentes. Bateman & Strasser (1984, como citado em Yener et al., 2014: 17) definiram o compromisso organizacional como a lealdade do empregado a uma organização e a aspiração de preservar a sua pertença. Enquanto Buchanan (1974, como citado em Marmaya et al., 2011) viu o compromisso organizacional como a ligação emocional a uma determinada organização, que é caracterizada por três parâmetros principais nas atitudes do indivíduo em relação à organização.

O empenhamento organizacional é uma construção multidimensional (Meyer et al, 1993). Meyer e Allen (1991) conceberam o compromisso organizacional como reflectindo três temas centrais, que são o afetivo, o de continuidade e o normativo. O empenho afetivo identifica os trabalhadores que permanecem na organização porque querem, enquanto o empenho de continuidade é considerado como o custo que o trabalhador associa à saída da organização ou à perceção de falta de oportunidades alternativas de emprego. Já o compromisso normativo é considerado como o compromisso que os trabalhadores consideram moralmente correto para permanecerem numa determinada organização, independentemente do aumento de estatuto ou da satisfação que a organização lhes proporciona ao longo dos anos. Cada uma destas componentes tem ramificações para a organização no que respeita ao absentismo e à retenção dos trabalhadores.

O empenhamento organizacional é um dos conceitos básicos que desdobra a relação entre um trabalhador e a sua organização. Neste livro, o termo empenhamento organizacional refere-se ao empenhamento organizacional dos professores. O empenhamento organizacional dos professores é um conceito que exprime a abordagem psicológica de um professor à sua escola e o desejo relativo necessário para se integrar na escola (Mowday et al., 1982). Morrow (1983) considerou o empenhamento organizacional do professor como o desejo do professor de permanecer na escola, o desejo de trabalhar arduamente para ela e a adoção dos valores e objectivos da escola. O empenhamento organizacional dos professores pode ser elevado ou baixo. Um professor com um elevado grau de empenhamento tem geralmente as seguintes características (a) apetite por novos desafios: um professor altamente empenhado está sempre à procura de novos desafios. Têm sede de conhecimentos e competências e sentem-se mais felizes nas escolas que lhes permitem saciar essa sede; (b) atitude de resolução de problemas: seja qual for o obstáculo que surja, os professores altamente empenhados estão preparados para procurar uma forma de o ultrapassar, mesmo sem qualquer orientação do diretor da escola; (c) vontade de liderar: Os professores altamente empenhados não precisam de muita orientação do diretor da escola, porque já sabem quais as tarefas que devem ser executadas e como executá-las da melhor forma possível, e inventam as suas próprias formas de resolver emergências e crises na escola; (d) satisfação com o trabalho e a carreira: os professores altamente empenhados tendem a sentir-se satisfeitos com o seu trabalho e carreira; e (e) melhor desempenho: os professores altamente empenhados fazem tudo melhor do que o exigido (Webrecruit Ireland, 2015).

O professor empenhado tem uma forte ligação psicológica à sua escola, aos seus alunos, à sua área disciplinar e à sociedade a que pertence. O professor empenhado é aquele que coloca a aprendizagem e o interesse dos alunos acima de tudo, sabe que a continuidade do trabalho iniciado durante o período/semestre ou ano letivo é essencial e faz o melhor para cumprir o compromisso que assumiu. Firestone e Pennell (1993) defendem que, mesmo em organizações frouxas como as escolas, onde existe um desacordo considerável sobre os resultados a alcançar e grandes dificuldades em supervisionar o trabalho, o empenhamento voluntário é especialmente importante. De forma semelhante, Whamond (2011) afirmou que os professores empenhados têm muito menos probabilidades de abandonar o seu trabalho de ensino e também têm menos probabilidades de faltar à escola. Uma vez que o professor se identifica com os objectivos e os valores da educação para a próxima geração da nação, é menos provável que se afaste do ensino dos alunos, mesmo quando experimenta períodos de satisfação no trabalho. Os professores empenhados têm um melhor desempenho e despendem mais esforços para criar formas de serem produtivos.

Pelo contrário, um professor pouco empenhado pode criar dificuldades e provocar desvios em relação aos objectivos educativos da escola. O professor pouco empenhado tem normalmente as seguintes atitudes: (a) mostrar menos interesse em progredir; (b) parecer menos interessado em agradar ao seu chefe do que antes; (c) agir com relutância em se comprometer com projectos de longo prazo; e (d) fazer a quantidade mínima de trabalho necessário (The KMA Team, 2014).

B. Enunciado dos problemas

Apesar das profundas e extensas mudanças que se verificam no sistema económico e social do mundo, as relações entre um indivíduo e uma organização continuam a ser objeto de estudo. O empenhamento organizacional dos professores está estreitamente relacionado com o seu desempenho e a sua capacidade de inovar e de integrar novas ideias na sua própria prática, com o absentismo e com a rotatividade do pessoal, além de ter um impacto importante nos resultados académicos e nas atitudes dos alunos em relação à escola (Cross & Elliot, 2004).

A assiduidade dos professores reflecte o seu empenho organizacional em obter o sucesso dos alunos. Bafadal (2006 como citado em Werang et al. 2017) argumentou que todos os componentes do processo de ensino-aprendizagem, tais como fundos, instalações e infra-estruturas educativas, materiais e meios de ensino-aprendizagem, nunca darão uma vantagem máxima e nem sequer poderão ser utilizados de forma óptima se não forem apoiados pela presença de um professor. Da mesma forma, Mantja (2007 como citado em Werang et al., 2017) argumentou que os estudantes nunca obterão uma experiência de aprendizagem máxima se não forem apoiados pela presença de um professor numa unidade de instituição de ensino.

A baixa taxa de empenhamento organizacional dos professores no distrito de Merauke tornou-se um problema anual para os responsáveis pela política educativa local. Como o estudo de Werang et al. (2015) relatou que um em cada três professores de escolas primárias remotas do sul da Papua não estava na escola no momento da visita, os problemas deste estudo são os seguintes (1) quais são os factores que contribuem para o empenho organizacional dos professores nas escolas primárias remotas do distrito de Merauke, Papua, Indonésia? e (2) quais são as políticas estratégicas para conseguir que os professores se empenhem na sua profissão docente?

C. Objetivo do estudo

Croswell e Elliot (2004) referiram-se ao empenho organizacional dos professores como um fator-chave para o sucesso da atual reforma educativa, uma vez que influencia fortemente a vontade dos professores de se envolverem numa prática cooperativa, reflexiva e crítica. Embora o sucesso das escolas e dos alunos possa depender da forma como os professores se empenham, este estudo centra-se nos dois objectivos seguintes: (1) investigar os factores que contribuem para o empenhamento organizacional dos professores nas escolas primárias remotas do distrito de Merauke, Papua, Indonésia; e (2) conceber políticas estratégicas para aumentar o empenhamento organizacional dos professores nas escolas primárias remotas do distrito de Merauke, Papua, Indonésia.

Capítulo 2

Fundamentação teórica

A. Definição do empenhamento organizacional dos professores
1. Definição de compromisso

Existem várias definições de empenhamento. De acordo com Scholl (1981), o empenho é uma força estabilizadora que actua para manter a direção do comportamento quando as condições de expetativa ou de equidade não são satisfeitas. Do mesmo modo, Brickman (1987) definiu o empenhamento como uma força que estabiliza o comportamento dos empregados em circunstâncias em que, de outro modo, os empregados seriam tentados a mudar esse comportamento. Enquanto Allen e Meyer (1990) consideraram o empenhamento como um estado psicológico que liga um trabalhador à organização. Enquanto Brown (1996) definiu o empenhamento como uma força de obrigação que exige que o trabalhador honre o seu compromisso, mesmo perante atitudes e caprichos flutuantes.

No contexto escolar, o empenhamento significa sentir-se empenhado na escola. O professor que desempenha com êxito a sua função pode alcançar o sentimento de empenhamento escolar (Eren, 2001). Wiener (1982) argumentou que o verdadeiro empenhamento escolar pode ser alcançado negligenciando, até certo ponto, as expectativas benéficas do instrumento, porque os professores que se sentem verdadeiramente empenhados na escola assumem esse empenhamento continuamente para o bem e a segurança da escola e podem passar a maior parte do seu tempo a tratar de questões escolares.

2. Compromisso organizacional dos professores

O compromisso organizacional tem suscitado um interesse considerável na tentativa de compreender e clarificar a intensidade e a estabilidade da dedicação dos trabalhadores a uma organização (Lumley, 2010). Existem várias definições de compromisso organizacional. Gonzalez et al. (2008) definiram o compromisso organizacional da seguinte forma:

> O compromisso organizacional é uma ligação ou vínculo que é uma decisão pessoal voluntária baseada na racionalidade calculada, na tendência afectiva e no julgamento moral, que leva a um maior ou menor grau de identificação e envolvimento com uma determinada organização, e que é observável no esforço livre desenvolvido para atingir os objectivos organizacionais (p. 142).

Hall et al. (1970) definiram o compromisso organizacional como o processo pelo qual os objectivos da organização e os do indivíduo se tornam cada vez mais integrados e congruentes. Bateman & Strasser (1984, como citado em Yener et al., 2014: 17) definiram o compromisso organizacional como a lealdade do empregado a uma organização e a aspiração de preservar a sua pertença. Enquanto Buchanan (1974, como citado em Marmaya et al., 2011) viu o compromisso organizacional como a ligação emocional a uma determinada organização, que é caracterizada por três parâmetros principais nas atitudes do indivíduo em relação à organização. Para a visão de Buchanan, Marmaya, et al. (2011, p. 185) escreveu aa seguinte:

> É a identificação que significa a interiorização dos objectivos e valores da organização. O compromisso organizacional reflecte a relação do indivíduo com a organização, e que esta relação é significativa para explicar o comportamento do indivíduo na organização.

Porter et al. (1977) consideraram o compromisso organizacional em termos da força da identificação e do envolvimento de um indivíduo numa determinada organização, enquanto Mowday et al. (1982) definiram o compromisso organizacional como a força relativa da identificação e do envolvimento de um indivíduo numa determinada organização. De forma semelhante, Allen e Meyer (1990) consideraram o compromisso organizacional como um estado psicológico que os empregados têm com a sua organização, caracterizado por uma forte identificação com a organização e um desejo de contribuir para a realização dos objectivos organizacionais. Apesar de não haver um acordo universal sobre a definição de compromisso organizacional, o que é consistente na literatura é que a relação entre o empregado e a organização. O empenhamento organizacional é caracterizado pelos três factores seguintes, a saber: (a) o unificador: uma forte crença e aceitação dos objectivos e valores da organização; (b) o esforço: uma vontade de exercer um esforço considerável em nome da organização; e (c) a lealdade: um desejo definitivo de manter a pertença à organização.

O termo "empenhamento organizacional" neste livro refere-se ao empenhamento escolar do professor. O empenhamento escolar do professor é um conceito que exprime a abordagem psicológica de um professor à sua escola e a relação necessária para se integrar na organização (Mowday et al., 1982). Morrow (1983) considerou o empenhamento escolar do professor como o desejo do professor de permanecer na escola, o desejo de trabalhar arduamente para ela e a adoção dos valores e objectivos da escola. Enquanto Meyer e Allen (1991) consideraram o empenhamento escolar do professor como um comportamento que forma a relação do professor com a escola e encoraja o professor a tomar a decisão de se tornar um membro permanente da profissão docente.

Com base nas várias definições de empenhamento organizacional, o empenhamento escolar do professor pode ser considerado como a vontade do professor de se envolver e de fazer parte de uma determinada escola, que é vista como o seu investimento ao longo do tempo. A qualidade do ensino não se rege apenas pelos conhecimentos e competências dos professores, mas também pelo seu entusiasmo e empenhamento no ensino (Rikard, 1999). Quando um professor ama e se empenha na profissão docente, pode facilitar inovações ou reformas na escola que se destinam a beneficiar a aprendizagem e o desenvolvimento dos alunos (Chan, 2006).

Cerit (2010, p. 305) apontou três tipos de empenhamento escolar dos professores. Em primeiro lugar, o empenho no ensino, que reflecte um elevado empenho psicológico em nome dos prestadores de serviços (professores) no ensino. Este empenhamento é reforçado pelo nível de ensino através do aumento do desenvolvimento e aperfeiçoamento profissional. Em segundo lugar, o empenhamento em relação aos alunos. Neste compromisso, os professores demonstram, muito provavelmente, um grande empenhamento nos resultados dos alunos quando acreditam que existe uma relação entre o sucesso e o potencial desenvolvimento do seu prestígio profissional e das recompensas simbólicas que recebem das crianças, das famílias e dos directores. Em terceiro lugar, o empenhamento no local de trabalho. Este compromisso revela o empenho do professor na escola e a sua identificação com os valores e objectivos da escola.

O empenhamento escolar do professor pode ser elevado ou baixo. Um professor altamente empenhado tem normalmente as seguintes características (a) apetite por novos desafios: um professor altamente empenhado está sempre à procura de novos desafios. Têm sede de conhecimentos e competências e sentem-se mais felizes nas escolas que lhes permitem saciar essa sede; (b) atitude de resolução de problemas: seja qual for o obstáculo que surja, os professores altamente empenhados estão preparados para procurar uma forma de o ultrapassar, mesmo sem qualquer orientação do diretor da escola; (c) vontade de liderar: os professores altamente empenhados não precisam de muita orientação do diretor da escola, porque já sabem quais as tarefas que devem ser executadas e como executá-las da melhor forma possível, e arranjam as suas próprias formas de resolver emergências e crises na escola; (d) satisfação com o trabalho e a carreira: os professores altamente empenhados tendem a sentir-se satisfeitos com o seu trabalho e carreira; e (e) melhor desempenho: os professores altamente empenhados fazem tudo melhor do que o exigido (Webrecruit Ireland, 2015).

Os professores empenhados têm uma forte ligação psicológica às suas respectivas escolas, aos seus alunos, às suas disciplinas e à sociedade a que pertencem. O professor empenhado é aquele que coloca a aprendizagem e o interesse dos alunos acima de tudo, sabe que a continuidade do trabalho iniciado durante o período/semestre ou ano letivo é essencial e faz o melhor para cumprir o compromisso que assumiu. Firestone e Pennell (1993) defendem que mesmo em organizações frouxas como as escolas, onde existe um considerável desacordo sobre os resultados a alcançar e grandes dificuldades em supervisionar o trabalho, o compromisso voluntário é especialmente importante. Boas (2013, p. 1) apontou onze características dos professores comprometidos, como segue:

Escolhem materiais que vão ao encontro das necessidades dos alunos e não das suas. É tentador escolher manuais escolares e outros materiais que sejam intelectualmente estimulantes para nós, mas devemos avaliar se são adequados ao grupo de alunos a que se destinam.

Planeiam a aula a pensar nos alunos, tendo em conta os seus interesses específicos, as suas disposições e as suas dificuldades. Também é tentador utilizar textos, canções, filmes, programas de televisão, etc. de que gostamos, mas é melhor optar por aqueles de que os alunos gostam.

Fazem um esforço para corrigir atempadamente os exercícios/avaliações dos alunos, de modo a dar-lhes um feedback imediato e a minimizar a sua ansiedade.

Fazem questão de saber o nome de todos os alunos o mais cedo possível durante o período letivo.

Prestam atenção aos seus alunos e apercebem-se quando algo está errado ou quando cortaram o cabelo, por exemplo.

Sentem-se recompensados pelos êxitos dos alunos e frustrados pelos seus fracassos e, neste último caso, reflectem sobre o que poderiam ter feito de diferente para evitar esses fracassos. Não é que se culpem sempre, é apenas que assumem a responsabilidade.

Nunca vêem como inimigos mesmo os alunos mais perturbadores e difíceis. Compreendem que tais comportamentos podem ter origem em dificuldades noutras dimensões da vida desses alunos e sentem-se estimulados a ajudar.

Eles querem que os seus alunos sejam bem sucedidos na utilização da L2 e querem ajudá-los a tornarem-se aprendizes mais autónomos.

Proporcionam aos alunos a oportunidade de se manterem em contacto com eles e de praticarem a língua fora da sala de aula, através de blogues, páginas do Facebook e afins. Para estes professores, responder a uma pergunta de um aluno por correio eletrónico não é um incómodo, mas sim um prazer.

Acreditam realmente que todos podem aprender e proporcionam condições para que isso aconteça, incluindo atenção individualizada.

Esforçam-se por não permitir que os seus problemas ou necessidades pessoais afectem as suas aulas. Mesmo quando têm de faltar ao trabalho, encontram formas de minimizar os efeitos da sua ausência nos alunos: fornecendo um plano de aulas pormenorizado ao professor substituto; sempre que possível, escolhendo um dia em que a sua ausência prejudique menos a aprendizagem dos alunos; se não for possível escolher a data, reorganizando os conteúdos de modo a que os aspectos mais difíceis sejam tratados num dia em que esteja presente.

Os professores empenhados têm muito menos probabilidades de abandonar o seu trabalho de ensino e também têm menos probabilidades de faltar à escola. Quando os professores se identificam com os objectivos e os valores da educação para a próxima geração da nação, é menos provável que se afastem do ensino dos alunos, mesmo quando passam por períodos de satisfação profissional. Os professores empenhados têm um melhor desempenho e despendem mais esforços para criar formas de serem produtivos (Whamond, 2011).

Pelo contrário, um professor pouco empenhado pode criar dificuldades e provocar desvios em relação aos objectivos educativos da escola. O professor pouco empenhado tem normalmente as seguintes atitudes: (a) mostrar menos interesse em progredir; (b) parecer menos interessado em agradar ao seu chefe do que antes; (c) agir com relutância em se comprometer com projectos de longo prazo; e (d) fazer a quantidade mínima de trabalho necessário (The KMA Team, 2014).

B. Tipos de empenhamento organizacional dos professores

O empenhamento organizacional é uma construção multidimensional (Meyer et al, 1993). **A primeira** construção do compromisso organizacional é a classificação de O'Reilly e Chatmant (1986). Eles examinaram o compromisso organizacional em três perspectivas, nomeadamente: conformidade ou cumprimento, identificação e internalização. Em primeiro lugar, a *conformidade*. O compromisso de concordância expressa uma dependência superficial relacionada com prémios externos em que os empregados acreditam que podem alcançar na organização através do seu comportamento. Nesta perspetiva, a lealdade do colaborador para com a organização é pragmática e obrigatória para alcançar os prémios e escapar ao castigo (Qogaltay, 2015, p. 912). A natureza do comprometimento organizacional no estágio de concordância está associada à dimensão de continuidade de Meyer e Allen, onde o empregado calcula a necessidade de permanecer na organização ao avaliar as recompensas (Beck & Wilson, 2000).

Em segundo lugar, a *identificação*. A identificação exprime as relações sinceras entre os trabalhadores. O trabalhador define-se como um membro da organização e orgulha-se disso. Estes colaboradores interiorizam o sucesso da organização como o seu sucesso e, inversamente, o fracasso da organização como o seu fracasso (Qogaltay, 2015). A identificação ocorre quando os funcionários aceitam a influência dos outros para manter uma relação satisfatória de autodefinição com a organização (O'Really, 1989). O comprometimento organizacional na fase de identificação é baseado na dimensão normativa de Meyer e Allen.

Em terceiro lugar, a *internalização*. A internalização exprime o nível mais elevado de lealdade, em que o trabalhador se define como um elemento importante da organização. Baseia-se inteiramente no acordo entre os valores do indivíduo e os da organização. Na internalização, é fundamental que o colaborador aceite e interiorize sinceramente os valores e normas da organização como seus, sem coerção. Isto ocorre quando o colaborador torna as suas entranhas coesas com o sistema de valores das outras pessoas na organização (Qogaltay, 2015).

A internalização ocorre quando um trabalhador considera os valores da organização intrinsecamente gratificantes e congruentes com os seus valores pessoais (O'Really, 1989). A este nível, o trabalhador desenvolve não só o sentimento de pertença, mas também a paixão de pertencer à organização, pelo que o empenhamento se baseia no "querer ficar". Os valores do indivíduo são, portanto, congruentes com os do grupo e da organização (Suliman & Iles, 2000). O compromisso organizacional a este nível baseia-se na dimensão afectiva de Meyer e Allen.

O segundo conceito mais aceite de compromisso organizacional é o da classificação de Meyer e Allen (1991). Meyer e Allen (1991) conceberam o compromisso organizacional como reflectindo três temas centrais, que são afectivos, de continuidade e normativos. Cada uma destas componentes tem ramificações para a organização no que respeita ao absentismo e à retenção dos trabalhadores. Em primeiro lugar, o *empenho afetivo*. Meyer et al. (1993) definiram o empenhamento afetivo como a ligação emocional, a identificação e o envolvimento do trabalhador na organização. Na opinião de Meyer e Allen (1997), Wolowska (2014) escreveu o seguinte:

> No modelo discutido, o principal processo que leva ao desenvolvimento do empenhamento afetivo é a satisfação pessoal do indivíduo, que tem origem na satisfação das suas necessidades pessoais, na satisfação das suas expectativas e na realização dos seus objectivos individuais através da mediação da organização. Esta experiência de satisfação particular pode também estar relacionada com o sentido de apoio recebido, o sentido de justiça organizacional, bem como com o sentimento de significado do local de trabalho e a sua própria contribuição para o funcionamento da organização. Por conseguinte, um ambiente de trabalho que apoie os seus empregados, os trate bem e avalie positivamente os seus resultados, contribui para um sentimento mais forte de autoestima (p. 131).

O empenhamento afetivo refere-se à perceção que um trabalhador tem da sua ligação emocional à sua organização e aos seus objectivos (Meyer et al., 2002). O empenho afetivo identifica os trabalhadores que permanecem na organização porque querem. De acordo com Mowday et al. (1982), os antecedentes do empenhamento afetivo dividem-se geralmente em quatro categorias, nomeadamente: (a) características pessoais, (b) características estruturais, (c) características relacionadas com o trabalho e (d) experiências de trabalho. Mowday et al. (1997) consideram ainda o empenhamento afetivo como o esforço de manter a filiação para facilitar os objectivos. Jaros et al. (1993, citado em Coetzee, 2005) consideram o empenho afetivo como o grau em que um trabalhador está psicologicamente ligado a uma organização através de sentimentos como a lealdade, o afeto, o calor, a pertença e o prazer.

Vários estudos provaram que o empenho afetivo está relacionado com a descentralização da tomada de decisões e a formalização de políticas e procedimentos (Coetzee at al., 2005). Um trabalhador fortemente empenhado numa determinada organização da qual faz parte identifica-se normalmente com os objectivos da organização e deseja continuar a fazer parte da mesma. O colaborador empenhado acredita fortemente nos objectivos e valores da organização, cumpre os outros e as expectativas de forma voluntária, exerce um esforço considerável para além das expectativas mínimas para o bem da organização e deseja fortemente permanecer afiliado ao objeto (Kanter, 1968; Mowday et al., 1982). Um trabalhador compromete-se com a organização pelo facto de o querer fazer (Marmaya, et al., 2011). Starnes e Truhon (2006, p. 3) afirmaram o seguinte:

> O compromisso afetivo ou moral ocorre quando os indivíduos abraçam plenamente os objectivos e valores da organização. Eles se envolvem emocionalmente com a organização e se sentem pessoalmente responsáveis pelo nível de sucesso da organização. Estes indivíduos demonstram normalmente um elevado nível de desempenho, atitudes de trabalho positivas e um desejo de permanecer na organização.

Os trabalhadores com elevado empenho afetivo na sua organização têm uma forte motivação para contribuir mais do que o necessário para os objectivos da organização, porque vêem os objectivos da organização como seus (Shore & Tetric, 1991). De acordo com Kate e Masako (2002), os factores individuais e organizacionais podem influenciar o nível de compromisso afetivo. Os factores individuais incluem a idade, as características individuais, a educação e a orientação para os valores; enquanto os factores organizacionais incluem a crença dos empregados de que as suas funções e objectivos profissionais estão claramente definidos e recebem apoio da gestão.

De acordo com Sreejesh e Tavleen (2011), o compromisso afetivo desenvolve-se quando um trabalhador se envolve e/ou retira a sua identidade de uma associação com a organização. A força do compromisso afetivo é influenciada pela medida em que as necessidades e expectativas de um trabalhador em relação à organização são correspondidas pela sua experiência real (Storey, 1995). O modelo de empenhamento organizacional de Meyer e Allen (1997) indica que o empenhamento afetivo é influenciado por factores como o desafio do trabalho, a clareza das funções, a clareza dos objectivos, a recetividade por parte da direção, a coesão entre pares, a equidade, a importância pessoal, o feedback, a participação e a fiabilidade. A ligação de um trabalhador à organização baseia-se na identificação (desejo de estabelecer uma relação gratificante com uma organização) e na internalização (desejo de objectivos e valores congruentes entre os trabalhadores e a organização).

Dunham et al. (1994 como citado em Bozlagan et al., 2010, pp. 31-32) apontaram algumas condições que devem ser consideradas para promover o compromisso afetivo entre os trabalhadores, a saber (a) autonomia na missão: no cumprimento das suas missões, os trabalhadores devem ter o poder, até certo ponto, de tomar e implementar decisões; (b) clareza e significado da missão: os trabalhadores devem estar envolvidos num trabalho adequado às suas capacidades e significativo do seu ponto de vista. A definição do posto de trabalho, os direitos, as competências e as responsabilidades dos trabalhadores devem ser claramente definidos; c) imagem da missão: a missão desempenhada pelos trabalhadores não deve dar uma imagem negativa nem criar um efeito de descrédito do ponto de vista social; d) qualidades exigidas para a missão: as qualidades e as exigências da missão devem ser claramente identificadas; e) atitude do gestor: os gestores que interagem direta ou indiretamente com os trabalhadores devem valorizar a personalidade e a honra dos seus subordinados; devem prestar atenção às suas necessidades; devem evitar qualquer comportamento humilhante perante os outros trabalhadores; f) participação na gestão: os trabalhadores devem poder exprimir livremente os seus pontos de vista e sugestões aos seus superiores. Para o efeito, devem ser criados e aplicados mecanismos adequados. Os trabalhadores devem ser consultados e ter a possibilidade de colocar questões e obter informações relacionadas com as decisões que lhes dizem respeito, antes de estas serem tomadas. As opiniões e sugestões dos colaboradores devem ser valorizadas e implementadas; se não forem implementadas, a razão deve ser devidamente explicada; (g) perceção de justiça organizacional: no processo de tomada de decisões organizacionais e de distribuição de recursos, deve ser assegurada a perceção de justiça por parte dos colaboradores; (h) confiança organizacional ou confiança no líder: os colaboradores devem confiar na organização e na gestão de topo no que diz respeito à satisfação das suas necessidades pessoais e profissionais, actuais e futuras.

Em segundo lugar, o *compromisso de continuidade*. O compromisso de continuidade reflecte a ligação cognitiva entre um trabalhador e a sua organização devido aos custos associados à sua saída da organização. Mayer e Schoorman (1992) consideraram o compromisso de continuidade como o desejo de um trabalhador de permanecer membro de uma determinada organização. Do mesmo modo, Jaros et al. (1993 como citado em Coetzee, 2005) consideraram o compromisso de continuidade como o grau em que um empregado experimenta a sensação de estar preso a uma determinada organização devido ao elevado custo de vida. Meyer e Allen (1997 como citado em Marmaya, et al. 2011) afirmaram o seguinte,

O empenhamento na continuidade resulta da perceção dos custos (benefícios e perdas) e exige que o trabalhador esteja consciente desses benefícios e perdas. Por conseguinte, trabalhadores diferentes que respondem a uma situação idêntica podem registar níveis diferentes de empenhamento na continuidade (pp. 185-186).

Na mesma linha de Meyer e Allen (1997), Coetzee (2005) escreveu o seguinte.

O compromisso de continuidade refere-se à consciência dos custos associados à saída da organização. Os custos potenciais de deixar uma organização incluem a ameaça de perder o tempo e o esforço despendidos na aquisição de competências intransmissíveis, perder benefícios atractivos, renunciar a privilégios baseados na antiguidade ou ter de desenraizar a família e perturbar as relações pessoais. Para além dos custos envolvidos na saída da organização, o compromisso de continuidade também se desenvolverá em função da falta de oportunidades alternativas de emprego. Os trabalhadores cuja principal ligação à organização se baseia no compromisso de continuidade permanecem porque precisam de o fazer (p. 5.5).

O compromisso de continuidade está associado ao sentimento de dependência do trabalhador em relação à organização. O compromisso de continuidade baseia-se no receio dos trabalhadores de deixarem a organização devido ao facto de perderem os seus benefícios, sofrerem uma redução salarial, incorrerem em custos de procura de emprego e no risco de ficarem desempregados (Muray et al., 1991). A falta de alternativas de emprego fora da organização tornou-se o fator mais importante que pode levar ao compromisso de continuidade. Quando um colaborador acredita que existem menos oportunidades de trabalho fora da organização e que os custos percebidos de deixar a organização serão mais elevados, desenvolverá uma ligação mais forte à sua organização atual (Mosadeghard et al., 2008).

Muray et al. (1991) consideraram o compromisso de continuidade como a contrapartida do compromisso afetivo. O compromisso de continuidade é a ideia de que os trabalhadores não abandonam a sua organização atual por receio de perderem os seus benefícios, sofrerem uma redução salarial e não conseguirem encontrar outro emprego (Ismail, 2012). Buitendach e de Witte (2005) referiram-se ao custo que o trabalhador associa ao facto de deixar a organização ou à perceção de falta de oportunidades alternativas de emprego. Enquanto Reichers (1985) considerou o compromisso normativo como a vontade de permanecer numa organização devido ao investimento "não transferível", que inclui aspectos como a reforma, as relações com outros trabalhadores e aspectos especiais para a organização. Starnes e Truhon (2006, p. 3) afirmaram o seguinte:

> A continuidade ou compromisso calculativo ocorre quando os indivíduos baseiam a sua relação com a organização no que estão a receber em troca dos seus esforços e no que perderiam se saíssem (ou seja, salário, benefícios, associações). Estes indivíduos só dão o seu melhor quando as recompensas correspondem às suas expectativas.

De acordo com Sreejesh e Tavleen (2011), o compromisso de continuidade desenvolve-se quando um trabalhador percebe que não existem outras alternativas para além de permanecer na organização atual. A força do compromisso de continuidade é determinada pelos custos percebidos de deixar a organização (Meyer & Allen, 1984). "Os investimentos acumulados e as fracas alternativas de emprego tendem a forçar os indivíduos a manter a sua linha de ação e são responsáveis por estes indivíduos estarem empenhados porque precisam de o fazer" (Meyer et al., 1990, p. 715). A necessidade de permanecer é o 'lucro' associado à participação contínua e a cessação do serviço é um 'custo' associado à saída. Best (1994, p. 71) argumentou que "o empenhamento organizacional contínuo será, por conseguinte, mais forte quando a disponibilidade de alternativas for escassa e o número de inversões for elevado".

Dunham et al. (1994 como citado em Bozlagan et al., 2010, pp. 32-33) apontaram algumas condições que devem ser consideradas para promover o compromisso de continuidade entre os trabalhadores, a saber (a) idade: o trabalhador é demasiado velho ou demasiado novo para encontrar um emprego fora da organização; (b) período de trabalho: o longo período de trabalho dos trabalhadores para a organização, a sua familiaridade com o trabalho, a baixa probabilidade de encontrar um emprego fora da organização, ou o seu curto período de trabalho na organização, resultando em falta de experiência; (c) oportunidade de carreira: falta de oportunidade de fazer carreira fora da organização; (d) formação académica: o tipo de educação não é adequado para trabalhar em melhores condições fora da organização; (e) estado civil: ser casado e/ou ter filhos, pelo que o trabalhador não se atreve a abandonar a organização; (f) oportunidades alternativas de emprego: as oportunidades alternativas de emprego são limitadas; (g) sexo: o compromisso de continuidade das mulheres é menos forte do que o dos homens; (h) perceção de justiça organizacional: sentimento de que a justiça organizacional é melhor assegurada do que noutras organizações.

Em terceiro lugar, o empenhamento *normativo*. O empenhamento normativo reflecte os sentimentos típicos de um trabalhador que se sente obrigado a permanecer numa determinada organização porque é a coisa moral e certa a fazer. O empenhamento normativo, neste contexto, baseia-se no investimento da organização num trabalhador que sente a obrigação moral de permanecer e de contribuir mais para a organização. O receio do colaborador de fazer coisas contra as normas sociais e culturais leva-o ao empenhamento normativo.

O empenhamento normativo é visto como a obrigação sentida de permanecer na organização. O compromisso normativo reflecte um sentimento de obrigação de continuar a trabalhar (Meyer & Allen, 1997). Em relação a Meyer e Allen (1997), Wolowska (2014) escreveu o seguinte:

> O compromisso organizacional normativo desenvolve-se com base na experiência de socialização anterior (pressão da família e da cultura), bem como na influência a que o indivíduo está sujeito enquanto recém-empregado na organização durante o processo de socialização. A experiência de socialização, tanto do período da primeira infância de um indivíduo como a adquirida no local de trabalho, inclui uma grande quantidade de informações diversas relacionadas com a relevância de determinadas atitudes e comportamentos. Processos complexos de condicionamento e modelação ensinam os indivíduos e fornecem-lhes conhecimentos sobre o que é valioso, o que a família, a cultura ou a organização esperam deles. No caso do compromisso normativo, a crença de que é correto ser leal a uma organização torna-se interiorizada (p. 131).

Wolowska (2014, p. 130) considerou a componente normativa como "o sentido de estudo moral para permanecer na organização. Os trabalhadores com um elevado nível de empenhamento normativo sentem que o devem fazer". Enquanto Marsh e Mannari (1997) consideraram o compromisso normativo como o compromisso que os trabalhadores consideram moralmente correto para permanecerem numa determinada organização, independentemente do aumento de estatuto ou da satisfação que a organização lhes proporciona ao longo dos anos. De acordo com Wiener (1982), no compromisso normativo, o trabalhador sente frequentemente uma obrigação moral para com a sua organização. Wiener (1982) argumentou ainda que o compromisso normativo pode ser explicado por outros compromissos, como o casamento, a família e a religião. Starnes e Truhon (2006, p. 3) afirmaram o seguinte:

> O compromisso normativo ocorre quando os indivíduos permanecem na organização com base em padrões de comportamento esperados ou normas sociais. Esses indivíduos valorizam a obediência, a cautela e a formalidade. A investigação sugere que tendem a apresentar as mesmas atitudes e comportamentos que os indivíduos que têm um compromisso afetivo.

O compromisso normativo desenvolve-se a partir de pressões internas que resultam de normas que encorajam um compromisso alargado com a organização. Nas palavras de Sreejesh e Tavleen (2011), o compromisso normativo desenvolve-se quando um colaborador interioriza as normas organizacionais através da socialização e recebe benefícios que o induzem a sentir a necessidade de retribuir e/ou a aceitar os termos de um contrato psicológico. Os trabalhadores obtêm estas normas a partir do processo de socialização na sua família e na cultura envolvente, que inclui experiências que realçam a lealdade para com uma determinada organização. Os trabalhadores que passam por um processo de internalização de normas e expectativas, no qual aprendem e mais tarde tomam consciência das expectativas da sua família, da cultura envolvente e da organização, conduzem à internalização da lealdade ao local de trabalho e ao compromisso de agir de uma forma que se adeque aos objectivos e interesses da organização (Dunham, et al., 1994).

Os trabalhadores com um elevado nível de empenhamento normativo sentem que devem permanecer na organização. Wiener (1982) afirmou que o sentimento de obrigação de permanecer numa organização pode resultar da internalização de pressões normativas exercidas sobre um indivíduo antes da entrada na organização (orientação familiar ou cultural), ou após a entrada (orientação organizacional). De acordo com Coetzee (2005), o compromisso normativo pode também desenvolver-se quando a organização oferece ao trabalhador 'recompensas antecipadas' (por exemplo, o pagamento de propinas universitárias), ou incorre em custos significativos para proporcionar emprego (por exemplo, honorários de caça de talentos ou os custos associados à formação profissional).

A força do compromisso normativo é influenciada pelas regras aceites sobre a obrigação recíproca entre a organização e os seus empregados (Suliman & Iles, 2000).

Isto implica que os empregados sentem frequentemente a obrigação de retribuir à organização o facto de esta ter investido neles. Meyer e Allen (1991, p. 88) afirmaram que "esta obrigação moral surge através do processo de socialização com a sociedade ou com a organização". Neste contexto, quando um empregado recebe um benefício da organização, isso coloca-o sob a obrigação moral de responder com bondade.

Dunham et al. (1994 como citado em Bozlagan et al., 2010, pp. 32-33) apontaram algumas condições que devem ser consideradas para promover o compromisso de continuidade entre os empregados, a saber (a) os colegas têm um forte empenhamento organizacional; (b) a gratidão sentida pelas ajudas e favores prestados pela organização; (c) a importância dada pelo empregado aos princípios e valores da organização; e (d) o efeito do estado de espírito social.

O terceiro construto proposto para o comprometimento organizacional é o da classificação de Quijano et al. (2000). De acordo com Quijano et al. (2000 como citado em Rocha et al., 2008), existe apenas uma natureza atitudinal do comprometimento com quatro níveis progressivos de vínculo, a saber: necessidade, troca, afetivo e comprometimento baseado em valores. Quijano et al. (2000 como citado em Rocha et al., 2008) integraram então estes níveis de ligação em duas categorias gerais ou tipos de compromisso, que são o compromisso instrumental e o compromisso pessoal. O compromisso instrumental refere-se à dependência individual da recompensa organizacional. O compromisso instrumental tem dois tipos de vínculos: (a) compromisso de troca: refere-se à relação baseada nas recompensas extrínsecas, e (b) compromisso de necessidade: refere-se à necessidade de manter o emprego. Enquanto o empenho pessoal inclui a interiorização pessoal dos valores e objectivos organizacionais. O compromisso pessoal tem dois tipos de vínculos: (a) o compromisso afetivo: refere-se à relação que o trabalhador estabelece com a organização que transcende a relação contratual (existe uma necessidade de afiliação) e (b) o compromisso de valor: refere-se à aceitação dos valores e objectivos organizacionais que são semelhantes ou congruentes com os seus.

C. Benefícios do empenhamento organizacional dos professores

Vários estudos (por exemplo, Mathieu & Zajac, 1990; Dunham et al., 1994; Chen et al., 2002; Mathews e Shepherd, 2002; Gade et al., 2003) foram realizados para investigar os benefícios do compromisso organizacional. Com base nos resultados dessas pesquisas, Bozlagan et al. (2010) resumiram os benefícios do comprometimento organizacional da seguinte forma:

® contribui para o aumento da satisfação profissional;

® contribui para tornar os trabalhadores mais conciliadores em matéria de condições de trabalho;

® contribui para melhorar o ambiente organizacional e para mudar de forma positiva;

® ajuda o sistema de relações intra-organizacionais a funcionar de forma saudável;

® diminui ou evita os atrasos;

® diminui os despedimentos e a taxa de rotação dos trabalhadores

® ajuda os trabalhadores a adotar um comportamento de "fidelidade à organização".

® catalisa a coordenação no seio da organização.

© promove a confiança, a cooperação e a solidariedade entre os trabalhadores.
© aproxima os trabalhadores da direção e promove o espírito de equipa.
© aumenta o desempenho dos empregados e da organização como um todo.
© melhora a confiança dos trabalhadores na organização, nos gestores e nos colegas.
© contribui para uma mudança organizacional mais rápida e fácil.
© dá flexibilidade à organização para se adaptar às mudanças que ocorrem no ambiente externo.
© contribui para o desenvolvimento de um espírito empreendedor, responsável e consciente dos trabalhadores.
© diminui o stress no trabalho.

Nehmeh (2009) argumentou que o compromisso organizacional é altamente valioso porque os funcionários altamente empenhados têm um desejo mais forte de pertencer e de se identificar com os objectivos e valores da organização. Os empregados empenhados têm um grande impacto no sucesso de uma organização devido à sua vontade de demonstrar um maior comportamento de cidadania organizacional, tal como a vontade de ir além das suas obrigações profissionais.

D. Factores que contribuem para o empenhamento organizacional dos professores

O empenhamento organizacional dos professores é crucial para a eficácia organizacional (Dee et al., 2006) e, por isso, é importante identificar os factores determinantes do empenhamento dos professores na escola. Foram realizados vários estudos para examinar os factores que determinam o empenhamento organizacional dos professores. Alguns académicos defendem que o empenho organizacional dos professores é principalmente afetado pela liderança do diretor (por exemplo, Hoy, Tarter, & Bliss, 1990; Koh, Steers, & Terborg, 1995; Nguni, Sleegers, & Denessen, 2006). Littrel e Billingsley (1994) e Singh e Billingsley (1998) indicaram que a liderança de apoio, que está relacionada com o papel dos líderes na promoção e definição de uma visão colectiva da escola e de objectivos claros, motivando e ajudando os professores, estimulando a aprendizagem profissional dos professores, é suscetível de ter um efeito positivo no empenhamento organizacional dos professores. Rosenholtz (1989) e Louis (1998) sugeriram que os professores estão mais empenhados na escola quando os directores oferecem feedback, encorajamento e reconhecimento. Enquanto Ebmeier (2003) e Somech (2005) indicaram que a liderança de supervisão, que se caracteriza pelo controlo e supervisão dos professores, está intimamente relacionada com o empenho organizacional dos professores.

Outros estudiosos defendem que o empenhamento organizacional dos professores é afetado pelas suas características individuais, como a idade e o sexo. Muitos estudos (por exemplo, Sheldon, 1971; Hrebiniak & Alluto, 1972; Steers, 1977; Stevens, Beyer, & Trice, 1978; Angle & Perry, 1981; Morris & Sherman, 1981, Mathieu & Zajac, 1990) afirmaram que a idade está positivamente relacionada com o nível de empenhamento. Por exemplo, Mathieu e Zajac (1990, p. 177) sugeriram que os trabalhadores mais velhos tornam-se mais comprometidos atitudinalmente com uma organização por uma variedade de razões, incluindo maior satisfação com os seus empregos, tendo recebido melhores posições, e tendo "cognitivamente justificado" a sua permanência numa organização. Outros estudos (por exemplo, Mathieu & Zajac, 1990; Bar-Hayim & Bermann, 1992; Cohen, 1992) afirmaram que as diferenças de género podem influenciar o empenho organizacional. Mathieu e Zajac (1990, p. 177) concluíram que as mulheres tendiam a estar mais empenhadas na organização do que os homens, enquanto Cohen (1992) concluiu que, entre os trabalhadores de colarinho azul, as mulheres estavam mais empenhadas na organização, enquanto entre os profissionais de colarinho branco, os homens estavam mais empenhados.

Independentemente do que os académicos descobriram nas suas valiosas investigações, o que é consistente na literatura é que alguns trabalhadores demonstram maior empenho organizacional do que outros. Starnes e Truhon (2006) apontaram alguns factores que podem desempenhar um papel fundamental na promoção de elevados níveis de empenhamento organizacional. Em primeiro lugar, as características individuais. As características individuais são um dos factores mais importantes no desenvolvimento do nível de empenhamento organizacional de um indivíduo. Mathieu e Zajac (1990) identificaram as características individuais do seguinte modo (a) idade: os trabalhadores mais velhos tendem a ser mais comprometidos do que os mais jovens, porque os trabalhadores mais velhos têm menos alternativas profissionais e arriscariam os seus benefícios se deixassem a sua organização atual. Além disso, alguns investigadores concluíram que os trabalhadores mais velhos têm maior satisfação no trabalho e têm melhores empregos do que os mais jovens; (b) género: os homens tendem a ser um pouco menos empenhados do que as mulheres; (c) educação: os trabalhadores com um nível de educação mais elevado tendem a ser menos empenhados porque podem ter maiores expectativas em relação à organização que nem sempre podem ser satisfeitas; (d) competência percebida: os trabalhadores que se consideram mais competentes tendem a demonstrar um maior empenhamento organizacional; (e) ética de trabalho puritana: os trabalhadores que acreditam no valor intrínseco e na necessidade do trabalho também acreditam que a organização é o local onde a sua necessidade de trabalhar pode ser satisfeita.

Em segundo lugar, as atitudes no trabalho são compostas pela satisfação no trabalho e pelo comportamento de cidadania organizacional. A satisfação no trabalho é o grau em que os trabalhadores gostam do seu emprego (Spector, 1997) com base no que recebem do trabalho em comparação com o que esperam, querem ou pensam que merecem (Klinger & Nalbandian, 1993). Independentemente do debate existente entre os académicos, Mathieu e Zajac (1990), num estudo de meta-análise, encontraram uma correlação positiva entre a satisfação no trabalho e o empenho organizacional dos trabalhadores.

O comportamento de cidadania organizacional refere-se ao "comportamento do empregado que é extra-papel, que promove a eficácia organizacional e que não é explicitamente reconhecido pelo sistema de recompensa de uma organização" (Robinson & Morrison, 1995, p. 289). Os resultados da investigação de Morrison e Robinson (1997) indicaram uma ligação clara entre o empenhamento organizacional e o comportamento de cidadania organizacional. Além disso, acredita-se que as organizações não sobreviveriam se os funcionários não estivessem dispostos a adotar ocasionalmente um comportamento de cidadania organizacional.

Em terceiro lugar, as características do posto de trabalho, que incluem: [a] nível do posto de trabalho: os trabalhadores cujo nível do posto de trabalho é elevado tendem a demonstrar um maior empenhamento organizacional; [b] competências profissionais: os trabalhadores que conseguem aplicar uma variedade de competências profissionais têm maior autonomia no trabalho, encontram maiores desafios no seu trabalho e tendem a um maior empenhamento organizacional; [c] stress do posto de trabalho: os trabalhadores podem sofrer de stress do posto de trabalho no trabalho e fora dele. A falta de clareza do papel no trabalho (ambiguidade do papel), as incoerências entre as expectativas do papel (conflito de papéis) e as expectativas excessivas de tempo e energia num papel (sobrecarga de papéis) podem também contribuir para um baixo empenhamento organizacional.

Em quarto lugar, a relação com os colegas de trabalho e os supervisores, que inclui [a] coesão do grupo: refere-se às forças que mantêm um grupo de colegas de trabalho unido. Para que a coesão do grupo se verifique, os membros do grupo devem estar empenhados no grupo e identificar-se com a organização; e [b] liderança: a medida em que os líderes definem o seu próprio papel e o dos seus subordinados (estrutura de iniciação) e a medida em que os líderes se preocupam com o bem-estar dos seus subordinados (consideração) estão ambos positivamente relacionados com o empenhamento organizacional.

E. Reforçar o empenhamento organizacional dos professores

Relativamente à questão "quais são as estratégias para melhorar o empenho organizacional dos professores?", Duflo et al. (2012) referiram a monitorização regular e o incentivo financeiro como estratégia para conseguir que os professores se empenhem no seu trabalho de ensino. Whamond (2011) descreveu cinco formas que os líderes educativos devem adotar para aumentar o empenho organizacional e o envolvimento no trabalho dos professores:

1. Demonstrar que se preocupam honestamente com o bem-estar dos seus empregados. Muitas vezes, os gestores estão demasiado ocupados para demonstrarem grande preocupação com o bem-estar dos trabalhadores para além da criação de condições de trabalho seguras. Tanto o empenho como o envolvimento dependem de uma ligação pessoal forte, positiva e duradoura entre o trabalhador e as acções da empresa. Se estas acções se centrarem no bem-estar dos trabalhadores em conjunto com tarefas desafiantes e com a sua participação, o empenho e o envolvimento formar-se-ão.

2. Criar oportunidades para os trabalhadores atingirem os seus objectivos pessoais. Se um trabalhador competente quiser ter mais responsabilidades, talvez para aumentar as suas hipóteses de promoção, o gestor deve reformular o seu trabalho de modo a torná-lo mais significativo e exigente.

3. Modificar os postos de trabalho para que os empregados possam experimentar mais recompensas intrínsecas. Muitos trabalhadores querem ter mais controlo pessoal sobre o seu trabalho. Um gestor eficaz oferece oportunidades aos trabalhadores para participarem na tomada de decisões, de modo a satisfazer estas necessidades.

4. Encontrar formas de recompensar e interagir com os trabalhadores regularmente. Se os gestores não estiverem disponíveis quando os trabalhadores se deparam com problemas nas tarefas, é menos provável que se formem ambas as atitudes de trabalho. Além disso, se os gestores só aparecem quando os problemas surgem, os trabalhadores associam-nos a resultados negativos, como castigos e críticas, o que não contribui para o empenho e o envolvimento.

5. Estabelecer objectivos com os trabalhadores e certificar-se de que alguns deles são objectivos de desenvolvimento pessoal valorizados pelos trabalhadores. Os gestores não só devem explicar a importância dos objectivos, como também devem encorajar ativamente o desenvolvimento de competências de gestão nos seus subordinados.

Benawa et al. (2017) afirmaram que o compromisso organizacional dos professores poderia ser aumentado através da melhoria da cultura organizacional, da liderança principal, do ambiente de trabalho e da confiança como factores externos.

F. Quadro analítico do estudo

Com base no pensamento académico do distrito de Merauke e nas literaturas relacionadas que examinam as estratégias para aumentar o empenho organizacional dos professores nas escolas primárias remotas do distrito de Merauke, o quadro analítico do presente estudo é apresentado na Figura 1.

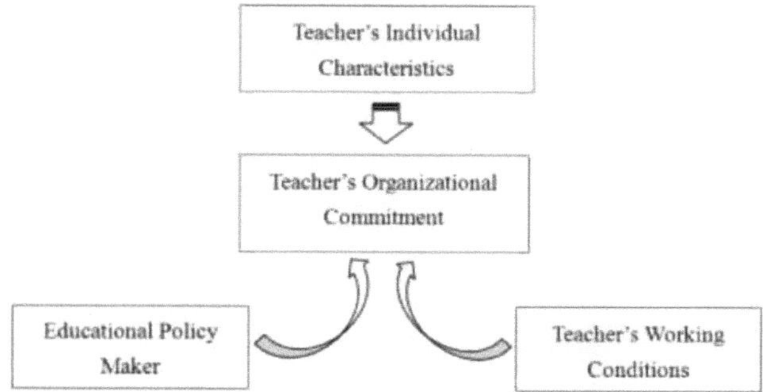

Figura 1. Quadro analítico do estudo

Capítulo 3

Método do estudo

A. Conceção do estudo

Este estudo debruçou-se sobre duas questões: (a) quais são os factores que contribuem para o empenhamento organizacional dos professores nas escolas primárias remotas do distrito de Merauke, Papua, Indonésia? e (b) quais são as estratégias para aumentar o empenhamento organizacional dos professores nas escolas primárias remotas do distrito de Merauke, Papua, Indonésia? Uma vez que este estudo se preocupa com o esforço de investigar os factores que contribuem para o empenhamento organizacional dos professores e de impulsionar o empenhamento organizacional dos professores, o desenho de estudo adequado para lidar com a questão foi um desenho qualitativo utilizando um método de estudo de caso.

Utilizámos uma abordagem de investigação qualitativa utilizando um desenho de investigação de estudo de caso devido a (a) a nossa competência pessoal para garantir o nome verdadeiro e o cargo dos informadores, o que pode prejudicar a sua carreira e personalidade, (b) o nosso foco é apenas o fenómeno contemporâneo, ou seja, o absentismo dos professores nas escolas primárias remotas do sul da Papua, Indonésia; e (c) podemos utilizar dados sobre o absentismo dos professores a partir de vários recursos de dados, nomeadamente: professores, directores de escolas e membros da comunidade local.

B. População e amostra do estudo

O distrito de Merauke é composto por 20 subdistritos com uma população total de 213.484 habitantes. Existem 203 escolas primárias com um número total de 1300 professores (ver Quadro 1).

Tabela 1. Detalhes geográficos e demográficos da área do distrito de Merauke

Sub-District	Area (Km)	Population	Number of Elementary Schools	Number of Teachers
Kimaam	4,630,30	6,214	8	52
Waan	2,868,06	4,804	8	28
Tabonji	5,416,84	5,485	6	24
Ilwayab	1,999,08	5,480	5	31
Okaba	1,560,50	5,232	11	72
Tubang	2,781,18	2,397	6	31
Ngguti	3,554,62	2,007	7	38
Kaptel	2,384,05	1,861	5	22
Kurik	977,05	14,270	12	73
Anim Ha	1,465,60	9,530	5	29
Malind	490,60	2,083	7	37
Merauke	1,445,63	95,262	36	367
Naukenjerai	905,86	13,878	5	22
Semangga	326,95	18,183	11	68
Tanah Miring	1,516,67	7,494	16	96
Jagebob	1,364,96	3,144	14	79
Sota	2,843,21	2,009	6	27
Muting	3,501,67	5,469	12	72
Eligobel	1,666,23	4,053	12	66
Ulilin	5,092,57	4,359	11	64
Total	**46,791,63**	**213,484**	**203**	**1300**

Foi utilizada uma técnica de amostragem intencional para obter 72 informadores seleccionados entre os membros da comunidade local (LCM= 35 informadores), professores (T= 26 informadores), directores de escola (SP= 4 informadores), supervisores de escola (SS = 2 informadores) e autoridades locais (LA= 5 informadores) de 12 escolas primárias remotas do distrito de Merauke. Os participantes receberam um código com base na data de recolha de dados.

C. Recolha e análise de dados

A entrevista aprofundada aos professores, aos directores das escolas primárias, aos supervisores das escolas, às autoridades locais e aos membros da comunidade local das respectivas escolas foi o principal instrumento do estudo para recolher dados. Para validar os dados, recorremos à triangulação (entrevistando o mesmo informador em duas ocasiões diferentes) e à verificação dos membros através da realização de discussões de grupo focal com a participação do representante dos informadores.

Os dados foram depois analisados qualitativamente utilizando a *análise de* Ishikawa em espinha de *peixe* (WBI Evaluation Group, 2007) devido ao facto de: (a) a análise espinha-de-peixe permite uma análise ponderada que evita ignorar quaisquer possíveis causas de raiz de uma necessidade; (b) a técnica espinha-de-peixe é fácil de implementar e cria uma representação visual fácil de compreender das causas, categorias das causas e da necessidade; e (c) ao utilizar a análise espinha-de-peixe, conseguimos concentrar a nossa atenção em todas as possíveis causas ou factores que influenciam o absentismo dos professores nas escolas primárias remotas do sul da Papua, Indonésia (ver Figura 2).

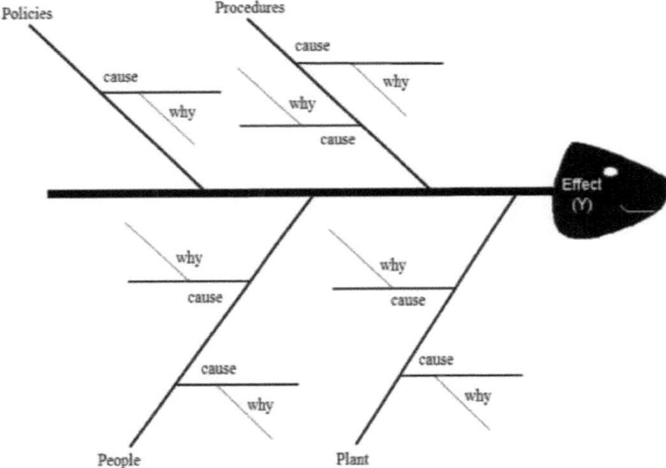

Figura 2. Diagrama de Análise Espinha de Peixe de Ishikawa (WBI Evaluation Group, 2007 com modificações)

Capítulo 4

Conclusões e discussão

A. Conclusões do estudo

1. Factores que contribuem para o empenhamento organizacional dos professores

O estudo identifica os factores que contribuem para o empenhamento organizacional dos professores nas escolas primárias remotas do distrito de Merauke da seguinte forma: a. Percepções dos pais/comunidades sobre os factores que contribuem para o baixo nível de empenhamento organizacional dos professores

empenhamento organizacional dos professores

Os professores tendem a ausentar-se da escola para cuidar da sua família

® Absentismo do diretor da escola

Falta de motivação do professor para ensinar

Falta de controlo regular

b. Perceção dos professores sobre os factores que contribuem para o baixo nível de empenhamento organizacional dos professores

Os professores tendem a ausentar-se da escola devido à sua insatisfação

profissional

Falta de instalações de apoio, tais como alojamentos escolares saudáveis e bem equipados

Falta de instalações de apoio que permitam o processo de ensino-aprendizagem

Falta de meios informáticos para aceder à cidade

Falta de envolvimento dos pais

Falta de apoio dos pais

Falta de transportes públicos na zona remota

Elevado custo de transporte numa zona remota

Custo de vida elevado na zona remota

Dificuldades logísticas.

Os directores das escolas estão regularmente ausentes das escolas

Os directores de escola tendem a dirigir-se para actividades mais atractivas na

cidade

Falta de empenhamento e de motivação dos directores das escolas para o ensino

Não há apoio financeiro do governo local para transferir a família dos professores para a escola.

A política da autarquia local de atribuir aos cônjuges professores em diferentes áreas de trabalho

A política da autarquia local de nomear os directores das escolas com base no interesse político.

A política da autarquia local de conceder um incentivo financeiro igual a todos os professores.

c. Percepções dos directores sobre os factores que contribuem para o baixo nível de empenhamento organizacional dos professores

A política da autarquia local de conceder um incentivo financeiro igual a todos os professores

Falta de controlo regular

A política da autarquia local de atribuir aos cônjuges professores em diferentes áreas de trabalho

Falta de instalações de apoio, tais como alojamentos escolares saudáveis e bem equipados

Falta de instalações de apoio que permitam o processo de ensino-aprendizagem

Falta de meios informáticos para aceder à cidade

Falta de transportes públicos na zona remota

Elevado custo de transporte numa zona remota

Custo de vida elevado na zona remota

Dificuldades logísticas

d. Perceção dos supervisores escolares sobre os factores que contribuem para o baixo nível de empenhamento organizacional dos professores

Falta de instalações de apoio, tais como alojamentos escolares saudáveis e bem equipados

Falta de instalações de apoio que permitam o processo de ensino-aprendizagem

Falta de meios informáticos para aceder à cidade

Falta de transportes públicos na área remota

Elevado custo de transporte numa zona remota

Custo de vida elevado na zona remota

Dificuldades logísticas

Os directores das escolas estão regularmente ausentes das escolas

Tal como referido anteriormente, a análise dos dados foi efectuada de forma qualitativa. Começámos a análise dos dados com um esforço para reduzir os dados que não são relevantes para o tópico devido ao facto de a resposta estar fora de contexto ou devido à resposta única que não pôde ser verificada. Para que os dados fossem bem classificados de acordo com o diagrama de causas e efeitos de Ishikawa, agrupámos os dados em três categorias principais, como se segue. Em primeiro lugar, os factores relacionados com as características individuais dos professores, que incluíam o estado civil dos professores e a insatisfação profissional dos professores. Em segundo lugar, os factores relacionados com as condições de trabalho dos professores, que incluíam instalações escolares inadequadas para apoiar o processo de ensino-aprendizagem, alojamentos escolares inadequados, saudáveis e bem equipados, custo de vida elevado devido a dificuldades logísticas, custo de transporte elevado devido à falta de transportes públicos na zona remota e a não comparência dos directores das escolas devido a actividades mais atractivas. Em terceiro lugar, os factores relacionados com os responsáveis políticos pela educação, que incluem a falta de controlo regular, a nomeação de directores de escola com base no interesse político da autoridade e a atribuição de professores cônjuges em áreas diferentes e distantes. Os resultados da análise dos dados são apresentados na Figura 3 abaixo.

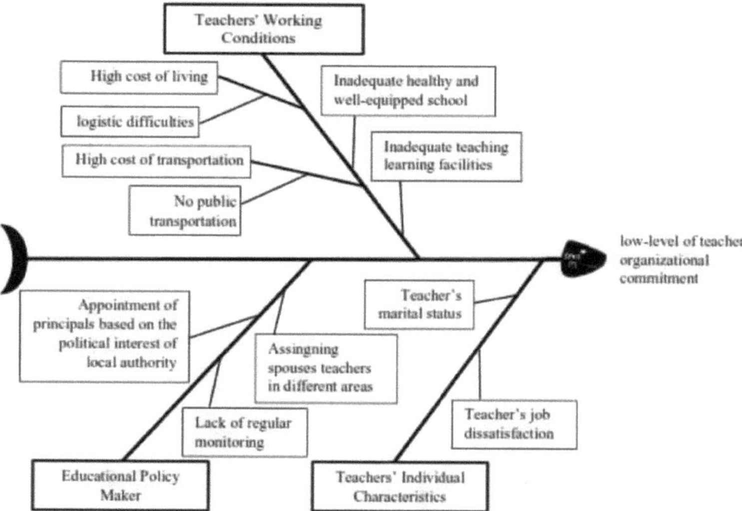

Figura 3. Factores que contribuem para o empenhamento organizacional dos professores nas escolas primárias remotas do distrito de Merauke, Papua, Indonésia

2. Política estratégica para aumentar o empenhamento organizacional dos professores

As políticas estratégicas que se verificou estarem a impulsionar adequadamente o empenhamento organizacional dos professores nas escolas primárias do distrito de Merauke são as seguintes

a. A perceção dos professores sobre as estratégias de reforço do seu empenhamento organizacional é a seguinte

Construção de habitações escolares bem equipadas para os professores.

Quebrar o afastamento através da disponibilização de transportes públicos.

A nomeação do diretor da escola não deve basear-se no interesse político das autoridades locais.

Os professores cônjuges não devem ser colocados em zonas de trabalho diferentes e distantes umas das outras.

A nomeação do diretor da escola deve ser feita com base nas suas competências.

Fornecer instalações TIC e de eletricidade aos professores para que estes possam melhorar os seus conhecimentos e competências de ensino.

Melhorar os laços com a comunidade local.

Melhorar o envolvimento dos pais na educação do(s) filho(s).

Melhorar a sensibilização dos pais para a importância da educação do(s) filho(s).

b. A perceção da comunidade local sobre as estratégias de reforço do empenhamento organizacional dos professores é a seguinte

Atraso no pagamento do salário.

® Despedimento.

Construção de alojamentos escolares saudáveis e bem equipados para os professores.

© Quebrar o afastamento através da disponibilização de transportes públicos.

O recrutamento de professores deve basear-se, em primeiro lugar, na paixão e na disposição moral.

O candidato a professor deve ter um bom nível de educação e formação.

Controlo regular.

c. A perceção dos directores sobre as estratégias de reforço do empenhamento organizacional dos professores é a seguinte

Realização de um controlo regular

Construção de alojamentos escolares saudáveis e bem equipados para os professores.

Os professores cônjuges não devem ser colocados em zonas de trabalho diferentes e distantes umas das outras.

Fornecer instalações informáticas e de eletricidade aos professores para que estes possam melhorar os seus conhecimentos e competências de ensino.

d. A perceção dos supervisores escolares sobre as estratégias de reforço do empenhamento organizacional dos professores é a seguinte

Fornecer fundos suficientes para um controlo regular.

Os professores cônjuges não devem ser colocados em zonas de trabalho diferentes e distantes umas das outras.

Atraso no pagamento do salário
® Despedimento

Iniciámos a análise dos dados com um esforço de redução dos dados que não são relevantes para o tópico. Para apresentar os dados, utilizámos a análise da espinha de peixe de Ishikawa. Para que os dados fossem bem categorizados no diagrama de causas e efeitos de Ishikawa, agrupámos os dados em três categorias principais, como se segue. Em primeiro lugar, as estratégias alternativas relacionadas com as características individuais dos professores, que incluíam (a) o reforço da formação básica dos professores, (b) a melhoria do bem-estar dos professores, (c) a criação de padrões morais para o recrutamento de professores, (d) a formação contínua dos professores, e (e) a atribuição de professores cônjuges na mesma área de trabalho. Em segundo lugar, as estratégias relacionadas com as condições de trabalho dos professores, que incluíam: (a) quebrar o distanciamento através da disponibilização de transportes e de instalações de TIC, (b) disponibilizar instalações físicas escolares adequadas, tais como alojamentos escolares e instalações de ensino-aprendizagem, (c) reforçar os papéis e as capacidades do diretor da escola através da formação em liderança e da criação de padrões elevados para o recrutamento e seleção de directores, (d) melhorar a sensibilização dos pais para a importância da educação e do seu envolvimento na vida da escola através da socialização e do acompanhamento. Em terceiro lugar, as estratégias relacionadas com o responsável pela política educativa, que incluíam (a) a construção de uma política financeira para um acompanhamento regular, (b) o reforço da gestão ao nível do Gabinete da Educação, (c) a criação de normas para o recrutamento, seleção e nomeação do diretor da escola, (d) o atraso no pagamento do salário dos professores que não ensinam regularmente, e (e) o despedimento. Os resultados da análise dos dados são apresentados na Figura 4 abaixo.

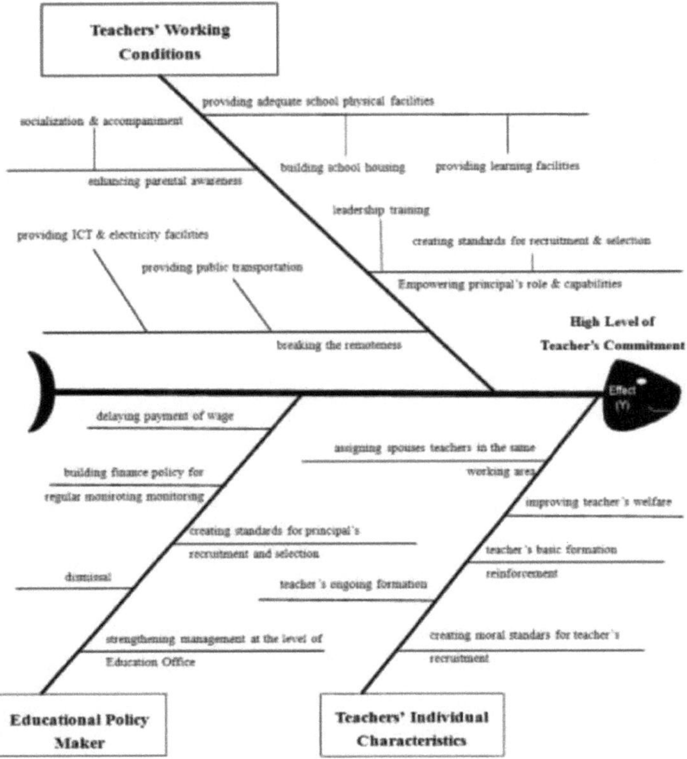

Figura 4. Estratégias para melhorar o empenhamento organizacional dos professores nas escolas primárias remotas do distrito de Merauke, Papua, Indonésia.

B. Debate

1. Características individuais do professor

A força da profissão docente pode depender do grau de empenhamento dos professores. No contexto das características individuais dos professores, Fox (1964, pp. 19-20) apontou pelo menos quatro características dos professores empenhados. Em primeiro lugar, o professor empenhado deseja ser um bom professor. Fox (1994) considera que "o desejo de ser um bom professor" é uma das características mais importantes do professor empenhado. Além disso, Fox (1994, p. 19) afirma o seguinte,

> O professor empenhado [...] quer ensinar e quer fazê-lo bem. [...] O professor empenhado gosta de trabalhar com crianças e jovens e tem um forte desejo de ajudar cada pessoa a desenvolver todo o seu potencial. Ele gosta do seu trabalho como professor; e os seus alunos, os seus colegas e os membros da comunidade

sabem que ele gosta de ensinar.

O estudo revela que um em cada três professores não se encontra na escola na altura da visita. Dirigem-se para as zonas urbanas para se dedicarem a actividades mais agradáveis. Para ultrapassar estas condições deploráveis, "o reforço da formação de base dos professores e a necessidade de normas morais para o recrutamento de professores" são as estratégias para melhorar o empenhamento dos professores na profissão docente.

Em segundo lugar, o professor empenhado é mais do que um purfeyor de factos. *Nemo dat quod non habet,* provérbio latino. Significa que "ninguém pode dar o que não tem". Este provérbio parte do princípio de que é preciso ter algo para ensinar antes de poder ensinar. O professor empenhado compreende sempre que a educação é mais do que uma acumulação de informação factual que ele ou ela teve (Fox, 1994, p. 19). Como o professor não termina a aprendizagem com a sua graduação, o professor deve ser um selecionador de conhecimentos e competências na nossa sociedade em rápida mudança. Rahman et al. (2011, citado em Werang et al., 2014) argumentam que, se o professor não se mantiver a par da rápida evolução do conhecimento humano, que oferece novas abordagens e novos métodos de ensino, está a revelar-se ineficiente e ineficaz. Neste contexto, a "formação contínua de professores" é uma das estratégias para aumentar o empenhamento dos professores na profissão docente.

Em terceiro lugar, o professor empenhado reconhece e aceita o valor de cada indivíduo. O professor empenhado no valor de cada indivíduo significa que está realmente preocupado com o desenvolvimento total dos seus alunos. O professor empenhado reconhece que os alunos variam em termos de origem socioeconómica (SES), tamanho, cor e motivação, e tenta ter em conta essas diferenças (Fox, 1964, p. 20). Os professores que se afastam do ensino de quaisquer conhecimentos, competências e valores estão a prestar um mau serviço à educação de todos os jovens educáveis. Para ajudar os professores a não se afastarem da sua obrigação de ensinar, no presente estudo propomos "melhorar o bem-estar dos professores e "afetar professores cônjuges à mesma área de trabalho" como estratégias para melhorar o empenho dos professores na profissão docente.

Em quarto lugar, o professor empenhado cumpre as suas responsabilidades pessoais. Os professores são considerados pela sociedade como guardiões do conhecimento e mentores com um papel importante no desenvolvimento do carácter da(s) criança(s) (Suparno, 2008 como citado em Uncen-Unipa-Smeru-BPS-Unicef, 2012, p. 22). Relativamente ao papel do professor no desenvolvimento do carácter dos alunos dentro e fora da sala de aula, Lumpkin (2008, pp. 45, 49) afirmou

> Os professores devem educar para o carácter, especialmente através do ensino do respeito e da responsabilidade. [...] Os professores com carácter servem de modelo para dizer a verdade, respeitar os outros, aceitar e cumprir

responsabilidades, jogar limpo, ganhar e retribuir a confiança e viver uma vida moral. Devem ser um modelo da importância de se empenharem numa busca permanente de fazer o bem mais difícil, em vez do mal mais fácil. Os professores com carácter ensinam aos seus alunos que os indivíduos tomam decisões com base em princípios morais através do processo de raciocínio moral. Podem ajudar os seus alunos a saber quais são os seus valores, a acreditar nesses valores como parte integrante de quem são e a viver a sua vida de acordo com esses valores.

Koenig (2014, p. 1) argumentou que os professores têm a responsabilidade de educar os futuros cidadãos produtivos de amanhã para contribuir para o bem-estar geral de uma sociedade. Os professores são mesmo obrigados a desempenhar bem muitas funções e responsabilidades diferentes, tais como ser um motivador, observador, conselheiro, gestor, líder escolar, fornecedor de recursos, mentor de colegas professores e um agente ativo de mudança para si próprios e para os seus alunos. A este respeito, propomos a "melhoria do bem-estar dos professores" e a "formação contínua dos professores" como estratégias alternativas para melhorar o empenho dos professores na profissão, na escola, nos alunos e nas actividades de ensino, de modo a que a eficácia da escola seja alcançada de forma adequada.

2. Condições de trabalho dos professores
2.1 . O afastamento e a disponibilidade de instalações escolares

O ensino é uma profissão muito cansativa e stressante, especialmente para os professores que trabalham em zonas remotas. Neste contexto, ter um local de trabalho atrativo e agradável é fundamental para aumentar o empenho organizacional dos professores e o sucesso das escolas. O elevado custo de vida devido a dificuldades logísticas de transporte e a ausência de transportes públicos para aceder às escolas nas zonas remotas dificultam o empenhamento e a paixão dos professores (Afework & Asfaw, 2014; Heslop, 1996). Os membros da comunidade podem ter a sua própria perceção do empenho dos professores no ensino na zona remota, mas a nossa própria experiência na altura da visita mostra isso mesmo. O salário e os incentivos dos professores, que variam de IDR 1.500.000 a IDR 17.500.000 (equivalente a US $ 125 a US $ 1.250) por mês, parecem ser menos do que suficientes para pagar o alto custo de transporte e de vida na área remota (Werang et al., 2017).

Além disso, as instalações físicas da escola desempenham um papel vital e tornam-se um dos factores que afectam a decisão dos professores de permanecerem na escola. Para que o professor possa permanecer na escola, é necessário que exista uma habitação saudável onde possa viver e, por sua vez, conceber o programa escolar e avaliar o trabalho dos alunos. O velho ditado "o edifício adapta-se ao currículo" desenvolveu-se porque a estrutura física limitava a experiência de aprendizagem e as instalações escolares podem ser suficientemente flexíveis para acomodar padrões e métodos de aprendizagem em mudança (Khan & Iqbal, 2012).

O professor continua a ser um homem ou uma mulher que, tal como os outros trabalhadores, é suscetível de se sentir mais empenhado num local de trabalho mais confortável. Para criar um local mais confortável para os professores, o nosso presente estudo propõe "quebrar o distanciamento através da disponibilização de transportes públicos e de instalações informáticas" como estratégia alternativa para melhorar o empenhamento dos professores na profissão docente. O professor empenhado reconhece bem as suas tarefas e responsabilidades profissionais perante os alunos, os pais, os colegas, o diretor da escola, o administrador educativo e a comunidade local. Enquanto professor, é obrigado a aceitar as suas tarefas profissionais de ensinar, educar e formar os alunos. Como professor, é também obrigado a aceitar as suas responsabilidades profissionais de fazer avançar a causa da educação, melhorar a qualidade do ensino, promover o bem-estar dos professores e elevar o estatuto da profissão (Fox, 1994; Werang, 2010).

2.3 Liderança do diretor da escola

O diretor da escola é um dos factores que determinam a eficácia da escola. Blaze e Kirby (1992) afirmam que "os directores eficazes são servidores dos professores. São guardiães do tempo de instrução, ajudam os professores em questões disciplinares, capacitam os professores para desenvolverem procedimentos e códigos disciplinares e apoiam os professores na aplicação das políticas que desenvolvem. Enquanto Littleford (2007) opinou que os directores que vêem os professores como parte da sua família escolar trabalharão arduamente para proporcionar um ambiente positivo e comunitário para todos.

Werang (2014) afirmou que um diretor de escola eficaz não se limita a definir a direção para os que estão envolvidos no processo de ensino e aprendizagem, mas também a dar um feedback positivo e construtivo para melhorar o processo de ensino e aprendizagem, incentivar uma utilização mais eficaz e criativa dos tempos e instalações de aprendizagem. Está provado que trabalhar arduamente e demonstrar entusiasmo pelo crescimento da escola inspira os outros a fazerem o mesmo. Uma simples ação do diretor da escola, como sorrir e perguntar os assuntos da família, pode fazer com que um professor se sinta encorajado e estabeleça uma ligação mais profunda com a comunidade escolar como um todo (Littleford, 2007). Baldoni (2005, p. 33) afirmou o seguinte:

> A liderança envolve pessoas, e as pessoas têm uma multiplicidade de necessidades, físicas, emocionais e espirituais. Um líder compassivo compreende a complexidade da psique humana, bem como as forças que actuam sobre nós no trabalho, na família e na comunidade.

O diretor da escola tem sido considerado muito importante para influenciar o nível de empenhamento e envolvimento dos professores em novas iniciativas e reformas

(Louis, 1998; Day, 2000; Fullan, 2002). Mulford (2003, p. 18) afirmou que os professores serão atraídos e permanecerão na profissão se sentirem que pertencem à escola e acreditarem que estão a contribuir para o sucesso da sua escola e dos seus alunos. Vários estudos (por exemplo, Murphy, 1991; Newmann & Wehlage, 1995; Quinn, 2002) demonstraram a importância do papel do diretor da escola como a chave para guiar a escola para o seu sucesso. Johnson (2006, pp. 15-16) descreveu alguns papéis importantes do diretor da escola no desenvolvimento da escola como uma comunidade colaborativa e profissional,

> Ao discutir a escola como um local de trabalho, é sensato incluir o diretor como parte do contexto organizacional. É o diretor que detém a autoridade formal na escola, supervisiona o trabalho dos professores e serve de elo de ligação entre a escola e a comunidade, bem como com os serviços distritais [...] O diretor pode estabelecer um tom positivo para as interacções entre adultos e tornar possível a colaboração, criando um horário que permita aos professores trabalhar com aqueles que ensinam o mesmo aluno ou as mesmas disciplinas. O diretor pode apoiar parcerias com agências comunitárias locais que prestam serviços de apoio às escolas. O diretor pode assegurar que o distrito mantenha as instalações da escola e forneça aos professores recursos de instrução. O diretor pode organizar seminários profissionais e informar os professores sobre as oportunidades de aprendizagem dos professores e de funções diferenciadas. O diretor pode apoiar os professores, trabalhando em colaboração com o pessoal e os alunos para desenvolver normas de comportamento aceitável e um sistema de disciplina para reforçar essas normas.

Infelizmente, os dados recolhidos no terreno revelam que a maioria dos directores das escolas primárias na zona remota do distrito de Merauke não se encontram nas escolas no momento da visita. Estão ausentes das suas respectivas escolas por muitas razões desconhecidas. O estudo refere a nomeação dos directores das escolas, que se baseia no interesse político das autoridades locais, como uma das razões para o seu afastamento. A esta condição lamentável, propomos que "a nomeação dos directores de escola não se baseie no interesse político" como forma de conseguir que os professores se empenhem na profissão docente.

3. Decisor político em matéria de educação

Uma vez que a educação dos jovens exige o envolvimento ativo do governo para manter as instalações escolares e fornecer aos professores recursos didácticos e políticas educativas, o papel do governo local é uma das componentes mais importantes para o sucesso escolar. No contexto da Papuásia, Indonésia, este papel parece ser um privilégio para o governo local, uma vez que lhe foram atribuídos os direitos fundamentais de recrutar, selecionar e designar os professores e os directores das escolas. Infelizmente, este privilégio é muitas vezes abusado por interesses políticos das autoridades locais. As autoridades locais podem ter a sua própria perceção sobre como os professores e os directores das escolas são designados, mas a nossa experiência durante as discussões dos grupos de centragem revelou que isso não importa.

O estudo revela que a política educativa das autoridades locais é um dos factores responsáveis pelo baixo nível de empenhamento organizacional dos professores nas escolas primárias remotas da regência de Merauke, Papua. Neste contexto, propomos as seguintes estratégias para conseguir que os professores se empenhem na profissão docente: (a) atrasar o pagamento do salário; (b) reforçar a gestão da educação ao nível do Gabinete de Educação; (c) criar normas para o recrutamento e a seleção dos directores; (d) criar uma política financeira para um acompanhamento regular; e (d) despedimento.

Capítulo 5

Conclusões e implicações

A. Conclusões

Com base nos resultados da análise dos dados que já foram discutidos, as conclusões apresentadas a partir dos resultados do estudo são as seguintes

1. Há três factores principais que influenciam o empenhamento organizacional dos professores

   nas escolas primárias remotas do distrito de Merauke, nomeadamente
   a. Os factores relacionados com as características individuais do professor, que incluem o estado civil do professor e a insatisfação profissional;
   b. Factores relacionados com as condições de trabalho dos professores, que incluíam a falta de instalações físicas de apoio à escola, tais como alojamentos escolares saudáveis e bem equipados, falta de eletricidade e de instalações TIC, elevado custo de vida devido a dificuldades logísticas, elevado custo de transporte, e os directores tendem a ausentar-se regularmente da escola para actividades mais atractivas;
   c. factores relacionados com os responsáveis pela política educativa, que incluíam a falta de controlo regular, a atribuição de cônjuges-professores a áreas de trabalho diferentes e distantes e a nomeação de directores de escolas com base nos interesses políticos das autoridades locais.

2. Existem três estratégias principais para aumentar o empenhamento organizacional dos professores nas escolas primárias remotas do distrito de Merauke, nomeadamente
   a. Estratégias relacionadas com as características individuais dos professores, que incluíam o reforço da formação de base dos professores, a criação de normas para o recrutamento de professores, a melhoria do bem-estar dos professores, a formação contínua dos professores e a afetação dos professores cônjuges à mesma área de trabalho;
   b. Estratégias relacionadas com as condições de trabalho dos professores, que consistiam em quebrar o distanciamento, melhorar a sensibilização dos pais para a importância da educação, fornecer instalações físicas escolares e reforçar o papel e as capacidades do diretor;
   c. Estratégias relacionadas com os decisores políticos no domínio da educação, que incluíam o reforço da gestão do Gabinete de Educação, a criação de uma política financeira para um acompanhamento regular, o atraso no pagamento dos salários, a criação de normas para o recrutamento e seleção dos directores e a sua demissão.

B. Implicações

A implicação prática dos nossos resultados é que o empenhamento organizacional dos professores nas escolas primárias remotas do distrito de Merauke, na Papua, só poderá ser melhorado se todas as estratégias acima concebidas forem sérias e bem implementadas por todas as partes interessadas, tais como o governo local e a instituição de formação e educação de professores. Com base nas conclusões, pode ser imperativo que (a) a instituição de formação e educação de professores conceba um currículo específico para responder à necessidade especial de ter professores moral e mentalmente qualificados, e (b) o governo local se esforce por criar condições de trabalho mais agradáveis e por criar regulamentos que orientem na prática a forma de recrutar e selecionar os professores e os directores das escolas.

O estudo revela algo de novo que pode não ter sido encontrado no estudo anterior. Por conseguinte, os resultados do nosso estudo podem acrescentar teoricamente a literatura existente, tanto sobre os factores que influenciam o empenhamento organizacional dos professores como sobre as estratégias de reforço do empenhamento organizacional dos professores.

Referências

Afework, T. H. e Asfaw, M. B. (2014). A disponibilidade de instalações escolares e o seu efeito na qualidade do ensino nas escolas primárias públicas do Estado Regional de Harari e de Hararghe Oriental, Etiópia. *Revista de Investigação Educacional do Médio Oriente e de África, 11*, 59-71.

Allen, N., & Meyer, J. (1990). The measurement and antecedents of affective, continuance and normative commitment to the organization. *Journal of Occupational Psychology, 63*,1-8.

Angle, H. L., & Perry, J. L. (1981). An empirical assessment of organizational commitment and organizational effectiveness. *Administrative Science Quarterly, 26*, 1-13.

Ayale, D. (2014). Satisfação e empenho profissional dos professores nas escolas secundárias gerais da zona de Hadiya, na nacionalidade do sul e no povo do estado regional (tese de mestrado não publicada). Departamento de Planeamento e Gestão da Educação, Universidade de Jimma.

Bar-Hayim, A., & Bermann, G. S. (1992). The dimensions of organizational commitment. *Journal of Organizational Behavior, 13*, 379-387.

Beck, K. & Wilson, C. (2000). Development of affective organizational commitment. A cross-sequential examination of change with tenure. *Journal of Vocational Behavior, 56,* 114-136.

Benawa, A.; Gea, A. A. & Willyarto, M. N. (2017). Melhorar o compromisso do professor através da melhoria dos factores externos. *Advance Scicence Letters, 23*(2), 925-928.

Best, P. W. (1994). *Locus de controlo, empenho pessoal e empenho na organização.* Dissertação de Mestrado apresentada à Universidade da África do Sul, Pretória.

Blaze, J. & Kirby, P. (1992). Bringin out the best in teachers. What effective principals do. Newbury Park, CA: Corwin Press.

Boas, I. V. (2013). *Com quem ou com o quê os professores devem estar comprometidos?* Disponível em: https://isabelavillasboas.wordpress.com/2013/03/10/who-or-what-should-teachers-be-committed-to/.

Bogler, R., & Somech, A. (2004). Influence of teacher empowerment on teachers' organizational commitment, professional commitment and organizational citizenship behavior in schools. *Teaching and Teacher Education, 20*, 277-289.

Bozlagan, R.; Dogan, M. & Daoudov, M. (2010). Compromisso organizacional e estudo de caso sobre a união dos municípios de Marmara. *Estudos Económicos Regionais e Sectoriais, 10*(2), 29-57.

Brickman, P. (1987). *Commitment, conflict, and caring.* Englewood Cliffs, NJ: Prentice-Hall.

Brown, R. B. (1996). Organizational commitment: Clarifying the concept and simplifying the existing construct typology. *Journal of Vocational Behavior, 49*(3), 230-251.

Buitendach, J. & de White, H. (2005). Insegurança no trabalho, satisfação extrínseca e intrínseca no trabalho e compromisso organizacional afetivo dos trabalhadores da manutenção numa empresa paraestatal. *South African Journal of Business Management, 36*(2), 27-37.

Cerit, Y. (2010). The effect of servant leadership on teachers' organizational commitment in primary schools in Turkey. *Revista Internacional de Liderança em Educação, 13*(3), 301-317.

Chan, K.W. (2006). In-service teachers' motives and commitment in teaching. *Hongkong Teacher Centre Journal, 5,* 112-128.

Coetzee, M., Schreuder, A. M. G., & Tladinyane, R. (2007). Compromisso organizacional e a sua relação com as âncoras de carreira. *Southern African Business Review, 11*(1), 65-68.

Qogaltay, N. (2015). Compromisso organizacional dos professores: A meta-analysis study for the effect of gender and marital status in Turkey. *Educational Sciences: Teoria e Prática, 15*(4), 911-924.

Cohen, A. (1992). Antecedentes do empenhamento organizacional nos grupos profissionais: A meta-analysis. *Journal of Organizational Behavior, 13,* 539-558.

Coetzee, M. (2005). *The fairness of affirmative action: Uma perspetiva de justiça organizacional.* Dissertação de doutoramento apresentada à Faculdade de Ciências Económicas e de Gestão da Universidade de Pretória. Disponível em

Crosswell, L. (2006). *Understanding teacher commitment in times of changes* (Dissertação de doutoramento não publicada). Faculdade de Educação, Universidade de Tecnologia de Queensland.

Crosswell, L. & Elliot, B. (2004). *Professores empenhados, professores apaixonados: The dimension of passion associated with teacher commitment and engagement.* Disponível em linha em: https://www.google.co.id/?gws_rd=cr, ssl&ei=F4tPWdnsIcndvATcvYSYCQ#q=committed+teachers+passionat e+teachers+the+dimension+of+passion

Day, C. (2000). Histórias de mudança e desenvolvimento profissional: The cost of commitment. Em C. Day, A. Fernandez, T. Hauge, & J. Moller (Eds.). *The life and work of teachers: International perspective in changing time (pp. 109-129).* Londres: Falmer Press.

Dee, J. R., Henkin, A. B., & Singleton, C. A. (2006). Compromisso organizacional de professores em escolas urbanas: Examining the effects of team structures. *Urban Education, 41,* 603-627.

Devos, G., Tuytens, M., & Hulpia, H. (2013). Compromisso organizacional dos professores: Examinar o efeito mediador da liderança distribuída. *American*

Journal of Education, 120(2), 205-231.

Duflo, E.; Hanna, R. & Ryan, S. P. (2012). Os incentivos funcionam: Getting teachers to come to school. *American Economic Review, 102*(4), 1241-1278.

Ebmeier, H. (2003). Como a supervisão influencia a eficácia e o empenhamento dos professores: An investigation of a pathmodel. *Journal of Curriculum and Supervision, 18*, 110-141.

Eren, E. (2001). *Comportamento organizacional e psicologia da gestão*. Instanbul: Beta Basim Yayin Dagitim.

Firestone, W. A. & Pennell, J. R. (1993). Teacher commitment, working conditions, and differential incentives. *Review of Educational Research, 63*(4), 489-525.

Fox, R. B. (1994). *O professor "empenhado"*. Disponível online em: http://www. ascd.org/ASCD/ pdf/ journals/ed_lead/el_196410_fox.pdf

Fullan, M. (2002). Liderança e sustentabilidade. *Principal Leadership, 3*(4), 1417.

Garipagaogiu, B. C. (2013). Examinando o comprometimento organizacional de professores de escolas particulares. *Journal of Educational and Instructional Studies in the World, 3*(2), 22-28.

Gonsalez, T. F. & Gullen. (2008). Comprometimento organizacional: A proposal for a wider ethical conceptulization of normative commitment. *Journal of Business Ethics, 78*, 401-414.

Hall, D. T., Schneider, B., & Nygren, H. T. (1970). Personal factors in organizational identification. *Administrative Science Quarterly, 15*, 176190.

Hamid, S. F., Nordin, N., Adnan, A. A., & Sirun, N. (2013). Um estudo sobre o compromisso organizacional e o empoderamento psicológico dos professores do ensino primário no distrito de Klang. *Procedia-Social and Behavioral Sciences, 90*, 782-787.

Heslop, J. (1996). Um modelo para o desenvolvimento de professores numa zona remota da Austrália Ocidental. *Australian Journal of Teacher Education, 21*(1), 1-15.

Hoy, W. K., Tarter, C. J., & Bliss, J. R. (1990). Organizational climate, school health, and effectiveness: A comparative analysis. *Educational Administration Quarterly, 26*, 260-279.

Hrebiniak, L. G., & Alluto, J. A. (1972). Personal and role-related factors in the development of organizational commitment. *Administrative Science Quarterly, 17*, 555-572.

Huselid, M. A., & Day, N. E. (1991). Organizational commitment, job involvement, and turnover. A substantive and methodological analysis. *Journal of Applied Psychology, 76*(3), 380-391.

Ismail, (2012). *Organizational commitment and job satisfaction among staff of higher learning education institutions in Kelantan* (Unpublished masteral thesis). Universiti Utara Malaysia.

Jans, N. A. (1989). Compromisso organizacional, factores de carreira e fase da carreira/vida. *Journal of Organizational Behavior, 10*, 247-266.

Johnson, S. M. (2006). *O local de trabalho é importante: Teacher quality, retention, and effectiveness*. Washington DC: Associação Nacional de Educação.

Kadyschuk, R. (1997). *Teacher commitment: a study of the organizational commitment, professional commitment and union commitment of teachers in public schools in Saskatchewan* (Dissertação de doutoramento não publicada). College of Graduate Studies and Research, University of Saskatchewan, Saskatoon.

Kanter, R. M. (1968). Compromisso e organização social: Study of commitment mechanisms in utopian communities. *American Sociological Review, 33*, 499-517.

Kate, W. & Masako, T. (2002*). Reframing organizational commitment within a contemporary careers framerwork*. Ithaca, NY: Cornell University.

Khan, P. & Iqbal, M. (2012). Role of the physical facilities in teaching learning process (Papel das instalações físicas no processo de ensino-aprendizagem). *Interdisciplinary Journal of Contemporary Research in Business, 4*(3), 210-216.

Klinger, D. & Nalbandian, J. (1993). *Gestão do pessoal público: Contextos e estratégias*. 3rd edition. Englewood Cliffs, NJ: Prentice-Hall.

Koenig, A. (2014). Aprender a prevenir o ardor e a fadiga: Burnout de professores e fadiga da compaixão. *Respitório Eletrónico de Teses e Dissertações*, Documento 1928.

Koh, W. L., Steers, R. M., & Terborg, J. R. (1995). The effect of transformational leadership on teacher attitude and student performance in Singapore (O efeito da liderança transformacional na atitude dos professores e no desempenho dos alunos em Singapura). *Journal of Organizational Behavior, 16*, 319-333.

Littleford, A. R. (2007). *A liderança do diretor e a sua influência percebida no moral dos professores nas escolas primárias*. Teses e Dissertações Electrónicas. Universidade Estadual do Leste do Tennessee.

Littrell, P., & Billingsley, B. S. (1994). The effect of principal support on special and general educators' stress, job satisfaction, school commitment, health, and intention to stay in teaching. *Remedial and Special Education, 15*, 297311.

Louis, K. S. (1998). Effect of teacher quality of work life in secondary schools on commitment and sense of efficacy (Efeito da qualidade de vida profissional dos professores nas escolas secundárias sobre o empenhamento e o sentido de eficácia). *School Effectiveness and School Improvement, 9*, 1-27.

Lumley, E. (2010). *Exploring the relationship between career anchors, job satisfaction and organizational commitment* (Dissertação de doutoramento não publicada). Departamento de Psicologia Industrial e Organizacional, Universidade da África do Sul.

Lumpkin, A. (2008). Os professores como modelos de ensino do carácter e das virtudes morais. *Jopero, 79*(2), 45-49.

Lyons. (2012). *Será que as instalações físicas da escola têm realmente impacto na educação de uma criança? Uma introdução à questão*. Disponível online em: http://sdpl.coe.uga.edu/ articlesand papers/lyons.html.

Marmaya, N. H. B., Hitam, M., Zawawi, N., & Jody, J. M. (2011). *Organizational commitment and job burnout among employees in Malaysia*. Disponível online em: http://www.ipedr. com/vol1/40-B10039.pdf

Marsh, R., & Mannari, H. (1977). Organizational commitment and turnover: A prediction study. *Administrative Science Quarterly, 22*, 57-67.

Mathieu, J. E., & Sajac, D. M. (1990). A review and meta-analysis of the antecedents, correlates, and consequences of organizational commitment. *Psychological Bulletin, 108*, 171-194.

Mayer, R. R. & Schoorman, D. (1998). Differentiating antecendents of organizational commitment: A test of March and Simon's model. *Journal of Organizational Behavior, 19*(1), 15-28.

Meyer, J. P.; Stanley, D. J.; Herscovitch, L.; & Topolnyutsky, L. (2002). Affective, continuance, and normative commitment to the organization: A meta-analysis of antecedants, correlates, and consequences. *Journal of Vocation Behav, 61*, 20-52.

Meyer, J.P. & Allen, N. (1997). *Commitment in the workplace: Theory, research and application*. Londres: Sage. Meyer, J., Allen, N., & Smith, C. (1993). Commitment to organizations and occupations: Extension and test of a three-component conceptualization. *Journal of Applied Psychology, 78*(4), 538-551.

Meyer, J.P.; Allen, N.J. & Smith, C.H. (1993). Commitment to organizations and occupations, extension and test of a three-component conceptualization (Compromisso com organizações e ocupações, extensão e teste de uma concetualização de três componentes). *Journal of Applied Psychology, 78*, 538-551

Meyer, J.P. & Allen, N. (1991). A three component conceptualization of organizational commitment. *Human Resources Management Review, 1*, 61-89.

Meyer, J. P.; Allen, N. J. & Gellatly, I. R. (1990). Affective and continuance commitment to the organization: Evaluation of and analysis of concurrent and time-lagged relations. *Journal of Applied Psychology, 75*, 710-720.

Meyer, J. P. & Allen, N. J. (1984). Testing the side-bet theory of organizational commitment: some methodological considerations. *Journal of Applied Psychology, 69*, 372-378.

Morris, J. H., & Sherman, J. D. (1981). Generalizability of an organizational commitment model. *Academy of Management Journal, 24*(3), 512-526.

Morrison, E.W. & Robinson, S. (1997). Quando os empregados se sentem traídos: A model of how psychological contract violation develops. *Academy of Management Review, 22*(1), 226-256.

Morrow, P. C. (1983). Concept redudancy in organizational research, the case of work commitment. *Journal of Occupational Behavior, 34,* 40-56.

Mosadeghrad, A. M.; Ferlie, E. & Rosenberg, D. (2008). A study of relationship between job satisfaction, organizational commitment and turnover intention among hospital employees. *Health Service Management Research, 21,* 211-227.

Mousa, M., & Alas, R. (2016). Espiritualidade no local de trabalho e compromisso organizacional: Um estudo sobre os professores de escolas públicas em Menoufia (Egipto). *Jornal Africano de Gestão, 10*(10), 247-255.

Mowday, R., Porter, L.W. & Steers, R.M. (1982). *Employee-organization linkages: The psychology of commitment, absenteeism, and turnover.* New York: Academic Press.

Mowday, R.; Steers, R. M. & Porter, L. W. (1997). The measurement of organizational commiment. *Journal of Vocational Behavior, 14,* 224-247.

Mulford, B. (2003) *School leaders: Papéis desafiantes e impacto nos professores e na eficácia da escola.* Disponível em linha em: www.oecd.org/edu/school/ 37133393.pdf

Murphy, J. (1991). *Reestruturação das escolas: Capturing and assessing the phenomena.* New York: Teachers College Press.

Murray, L.P.; Gregoire, M. B. e Downey, R. G. (1991). Compromisso organizacional de funcionários de gestão em operações de restaurantes. *Hosp Res J, 14,* 339-348.

Nehmeh, R. (2009). *O que é o compromisso organizacional, porque é que os gestores o devem querer na sua força de trabalho e existe alguma forma rentável de o garantir?* Documento de trabalho da SMC apresentado à Universidade SMC.

Newmann, F. M. & Wehlage, G. G. (1995). *Successful school restructuring: A report to the public and educators by the Center on Organization and Restructuring of Schools.* Madison, WI: Conselho de Regentes do Sistema da Universidade de Wisconsin.

Nias, J. (1996). Pensar sobre o sentir: As emoções no ensino. *Cambridge Journal of Education, 26*(3), 293-306.

Nguni, S., Sleegers, P.& Denessen, E. (2006). Efeitos da liderança transformacional e transacional na satisfação profissional dos professores, no empenho organizacional e no comportamento de cidadania organizacional nas escolas primárias: The Tanzanian case. *School Effectiveness and School Improvement, 17,* 145-177.

O'Reilly, C. A. & Chatman, J. (1986). Organizational commitment and psychological attachment: The effect of compliance, identification and internalization on prosocial behavior. *Journal of Applied Psychology, 71*(3), 492-499.

O'Reilly, C. A. (1989). Corporations, culture, and commitment: Motivation and social control in organization. *California Management Review, 31*(4), 9-25.

Porter, L. W., Steers, R. M., Mowday, R. T., & Boulian, P. V. (1974). Organizational commitment, job satisfaction, and turnover among psychiatric technicians.

Journal of Applied Psychology, 59(5), 603-609.

Quinn, D. M. (2002). The impact of principal leadership bevahiors on instructinal practice and student engagement. *Journal of Educational Administration, 40*(5), 447-467.

Reichers, A. (1985). A review and reconceptualization of organizational commitment. *The Academy of Management Review, 10*(3), 465-476.

Rikard, G. L. (1999). Promoting teacher commitment in pre-service teachers. *Journal of Physical Education, Recreation and Dance, 70*(9), 53-56.

Robinson, S. & Morrison, E. W. (1995). Psychological contract and OCB: The effect of unfulfilled obligations. *Journal of Organizational Behavior, 16*, 289-298.

Rocha, F.d.S.; Cardoso, L. & Tordera, N. (2008). A importância do comprometimento organizacional para a gestão do conhecimento. *Comportamento Organizacional E Gestdo, 14*(2), 211-232.

Rosenholtz, S. (1989). *O local de trabalho dos professores. The social organization of schools*. New York: Longman.

Scholl, R. W. (1981). Differentiating commitment from expectancy as a motivating force. *Academy of Management Review, 6,* 589-599.

Sheldon, M. E. (1971). Investment and involvement as mechanisms producing commitment to the organization. *Administrative Science Quarterly, 16,* 142-150.

Shore, L. M. & Tetric, L. E. (1991). A construct of validity study of the survey of perceived organizational support. *Journal of Applied Psychology, 76,* 637-743.

Singh, K., & Billingsley, B. S. (1998). Professional support and its effect on teachers' commitment. *The Journal of Educational Research, 91,* 229-239.

Somech, A. (2005). Liderança diretiva versus liderança participativa: Two complementary approaches to managing school effectiveness. *Educational Administration Quarterly, 41,* 777-800.

Sreejesh, S. & Tavleen, N. (2011). Antecedentes e consequências da lealdade dos colaboradores para com a organização: An evidence from Indian software industry. *International Journal of Management Science, 18*(2), 1-22.

Starnes, B. J. & Truhon, S. A. (2006). A primer on *organizational commitment.* Disponível online em: https://www.google.co.id/search?q-ASQ.+A+primer+on+organizational+commitment.&oq=ASQ.+A+primer+on+organization al+commitment.&gs_l=psy-ab.12...47636.60669.0.62957.43.23.0.0.0.0.1 679.4233.0j6j1j1j6-1j0j1.10.0....0...1.1.64.psy-ab..33.0.0.KR-ZkKW_tJI

Steers, R. M. (1977). Antecedents and outcomes of organizational commitment. *Administrative Science Quarterly, 22,* 46-56.

Stevens, J. M., Beyer, J. M., & Trice, H. M. (1978). Assessing personal role and organizational predictors of managerial commitment. *Academy of Management Journal, 21,* 380-396.

Storey, J. (1995). *Human resources management: A critical text*. London: Routledge.

Suliman, A. & Iles, P. (2000). Is continuance commitment beneficial to organizations? Commitment-performance relationships: A new look. *Journal of Managerial Psychology, 15*(5), 407-422.

A equipa Kotton Mouth Kings [KMK]. (2014). *O elevado custo do baixo empenhamento dos trabalhadores.* Disponível online em: http://www.kmaconsultingllc.com/the-   high-cost-of-low-employee-commitment.

Uncen-Unipa-Smeru-BPS-Unicef. (2012) *'Gostamos de ser ensinados'. Um estudo sobre o absentismo dos professores na Papua e na Papua Ocidental.* Disponível em linha em: https://www.google.co.id/?gws_rd=cr,ssl&ei=IKxsVsrdF8ekuQSU5JXY BA#q=we+like+being+taught+a+study+on+teacher+absenteeism+in+pa pua+and+west+papua

Grupo de Avaliação do WBI. (2007). *Diagrama espinha-de-peixe.* Disponível online em: http:// www.isixsigma.com/tools-templates/cause-effect/cause-and-effect-aka- fishbone-diagram/

Webrecruit Ireland. (2015). *5 Características de um trabalhador empenhado.* Disponível online em: http://www.webrecruitireland.com/employer.../5-characteristics- of-a-committed-employee.

Werang, B. R. & Pure, E. A. G. (2018). Estratégia de design para melhorar o compromisso organizacional do professor nas escolas primárias remotas do distrito de Merauke, Papua, Indonésia. *Revista Internacional de Estudos de Investigação em Educação, 7(1), 15-28.* Disponível online em 29 de janeiro de 2017.

Werang, B. R., Leba, S. M. R., & Pure, E. A. G. (2017). Factores que influenciam o absentismo dos professores nas escolas primárias remotas da Indonésia: prova empírica do sul da Papua. *Revista Internacional de Gestão em Educação, 11*(3), 223-247.

Werang, B. R., Betaubun, M., & Pure, E. A. P. (2015). Factores que influenciam o compromisso organizacional dos professores (Estudo de caso sobre professores de escolas primárias na área remota da regência de Merauke, Papua, Indonésia). *Journal of Educational Policy and Entrepreneurial Research, 2*(10), 122-130.

Werang, B. R., Leba, S. M. R., & Betaubun, M. (2014). Estratégia alternativa para melhorar a qualidade dos graduados na área fronteiriça da Indonésia Oriental (Estudo de caso sobre graduados de escolas secundárias estaduais em Merauke Regency). *Revista Internacional de Educação e Investigação, 2*(4), 245-252.

Werang, B. R. (2014). Competências de gestão dos directores, clima organizacional da escola e moral de trabalho dos professores nas escolas secundárias estatais em Merauke Regency-Papua-Indonésia. *Revista Internacional de Ciência e Investigação, 3*(6), 691-695.

Werang, B. R. (2010). *Teacher 's profession.* Malang: Elang Mas. (Indonésio: Profesi Keguruan).

Whamond, C. (2011). *Como é que o compromisso organizacional beneficia a organização?* Disponível online em: http://www.whamond.net/learnings/how-does-organisational-commitment-benefit-the-organisation.

Wiener, Y. (1982). O empenhamento na educação: A normative view. *Academy of Management Review, 7,* 418-428.

William, M. K. (2011). *Motivação e compromisso profissional entre os professores de quatro escolas secundárias seleccionadas na região de Ashanti, no Gana* (tese de mestrado não publicada). Instituto de Ensino à Distância, Universidade Kwame Nkrumah.

Wolowska, A. (2014). Determinantes do comprometimento organizacional. *Human Gestão de Recursos e Ergonomia, 8*(1), 129-146.

MIX
Papier aus verantwortungsvollen Quellen
Paper from responsible sources
FSC® C105338

FSC
www.fsc.org

Printed by Books on Demand GmbH, Norderstedt / Germany